Sigrid Ertl

Poetica criminalis
&
Die Partei der Frauen

Sigrid Ertl

Poetica criminalis
&
Die Partei der Frauen

ZWEI KRIMINALKOMÖDIEN

VERLAG 28 EICHEN
BARNSTORF

Bühnen- und Aufführungsrechte
werden wahrgenommen vom
CANTUS Verlag, Batschenhoferstr. 37
73569 Eschach.
www.cantus-verlag.com

Die Deutsche Bibliothek verzeichnet diese Publikation
in der Deutschen Nationalbibliographie.
Detaillierte bibliographische Daten sind im Internet über
http://dnb.ddb.de abrufbar.

ISBN 978-3-940597-88-5

Cover unter Verwendung einer Illustration von
Gordon Browne, The Strand Magazine, London 1898.

Inhalt

Poetica criminalis

Kriminalkomödie

Dramatis personae

Lisa Tudor, *Dichterin*
Hans Tudor, *Detektiv*
Felix Lobred, *Redakteur und Dichter*
Herr Lander, *Inspektor*
Effi Schmitt, *Hausfrau, junge Witwe des Herrn Schmitt*

Frau Tudors junge Dichtertruppe:
Fabian
Natascha
Amelie
Elisa, *stumme Rolle*

Schauplätze: Wohnzimmer der Tudors. Tudors Detektei. Wohnküche der Schmitts. Wohnzimmer der Schmitts. Lobreds Redaktionsbüro.

Vereinfachend ist z. B. folgende Anordnung möglich: das Wohnzimmer der Tudors auf der Hauptbühne. Die Detektei integriert bzw. auf einer Seite als Drehelement (hier könnte man von der Beleuchtung den jeweils anderen Teil der Bühne ins Black stellen). Küche der Schmitts und Redaktionsbüro vor dem Vorhang. Die für das Wohnzimmer der Schmitts vorgesehene Szene kann in deren Küche spielen.

Wohnzimmer im Jugendstil. Hinten links eine Sitzgarnitur mit einem Tisch, üppiger Blumenschmuck. An der Wand Bilder. Rechts eine Tür. Frau Tudor steht in der Mitte mit einem Brief in der Hand. Lesend.

Frau Tudor *laut klagend*: O weh! O weh! Ich kann's nicht glauben. Es ist nicht wahr! Es ist nicht wahr! O mein Gott!

Die Tür geht auf, Kopf des Ehemanns sichtbar.

Herr Tudor *erschrocken, tritt ein*: Aber Lisa! Was ist mit dir? Was soll der Lärm?

Frau Tudor: O weh! *Schlägt die Hände vor das Gesicht, läßt den Brief fallen.* Ich bin ruiniert! Ruiniert!

Herr Tudor *hebt den Brief auf und liest*: Aber Lisa! Das ist doch …

Frau Tudor: Das Ende meiner Karriere – mein Ruin!

Herr Tudor: Nein, das ist doch bloß eine …

Frau Tudor: Katastrophe!

Herr Tudor: Hör auf! Schluß jetzt mit dem Geheul! Hysterisches Frauenzimmer du!

Frau Tudor *voller Tränen*: Hysterisch. Ich?

Herr Tudor: Hier steht nichts weiter, als daß deine Gedichte von der Redaktion abgelehnt worden sind.

Frau Tudor *etwas gefaßter*: Das ist skandalös. Mich so zu demütigen. Hat Herr Lobred, der gute Herr Lobred, nicht hoch und heilig versprochen, daß er sie abdrucken will?

Herr Tudor: Ja, ja. *Schaut zum Publikum, die Augen verdrehend.*

Frau Tudor: Ich kann es einfach nicht fassen. *Nimmt umständlich ein Taschentuch aus dem Ärmel, schluchzt hinein. Laut* Frauenfeindlich ist das!

Herr Tudor *ablenkend*: Ach übrigens, Herr Schmitt von gegenüber ist gestorben.

Frau Tudor: Er hatte es mir hoch und heilig versprochen. Hoch und heilig!

Herr Tudor: Wer, Herr Schmitt?

Frau Tudor: Nein, Herr Lobred. In der Zeitung sollten sie gedruckt werden, **meine** Gedichte. Er fände sie genial, berauschend, einfach hinreißend und so gefühlvoll. *Herr Tudor schaut auf seine Uhr.*

Herr Tudor: Es soll ein Schlaganfall gewesen sein. In der Küche fand ihn die Frau.

Frau Tudor: Ich bin so enttäuscht! *Schlägt die Hände wieder vor das Gesicht, schluchzt.*

Herr Tudor: Von Herrn Schmitt?

Frau Tudor *energisch fuchtelnd*: Hach! Was interessiert mich dieser Schmitt? Meine Karriere, mein Schaffen, mein Herzblut, das in diese Gedichte floß wie ein reiner Strom der Glückseligkeit, alles ist hin, alles *pathetisch* Schall und Rauch!

Herr Tudor: Ich komme wieder, wenn du nüchtern bist. *Kopfschüttelnd ab.*

Frau Tudor *schaut ihm nach, dann klagend*: Unverständnis und Gefühllosigkeit sind der Lohn der hehren Poesie. *Wendet sich zum Publikum* Ach, wir Dichter, *hält kurz inne* Dichterinnen, ähm, wir Dichterinnen und Dichter, wie wurden wir stets verleumdet und verkannt! Der lyrische Nektar des edlen Geistes, von dem die Götter … die Göttinnen und Götter, einst sich nährten. *Schaut zu Boden, schweigt, geht nachdenklich umher; dann fragend zum Publikum* Ich verstehe nicht, wie man nur leben kann ohne diese Veredelung und Bildung des Geistes. Was ist der Verstand, was das Denken ohne die Zartheit der Poesie? Wie gefühllos müssen Mensch… müssen Menschinnen und Menschen sein … wie kalt müssen die sein, die nicht die Wärme und Erhabenheit der Herzensworte kennen. Ach! *Seufzt, dann pathetisch* Mußte die Blaue Blume des Novalis erst sterben, damit sie blühen konnte? Mußte sie sterben? Mußte sie … *Wieder hysterisch* Ich bin ruiniert! *Rennt aus dem Zimmer.*

Detektei des Herrn Tudor. Linker Hand Schreibtisch, überladen mit Papieren und Büchern, dazu Fotos. Vor dem Schreibtisch und an der Wand zwei bequeme Sessel. Herr Tudor steht am Fenster und beobachtet die Straße mit einem Fernglas. Jetzt nimmt er einen Fotoapparat, läßt ihn mit einem Ausdruck der Überraschung aber gleich wieder sinken und setzt sich, um scheinbar intensiv die Fotos zu studieren, hinter den Schreibtisch. Es klopft an der Tür.

Herr Tudor *mit Schwung*: Herein! *Frau Schmitt tritt zögernd ein. Sie humpelt leicht und hat einen Verband um einen Fuß.* Ach, Frau Schmitt, Sie Ärmste! Wie kann ich Ihnen dienen? Bitte setzen Sie sich doch. *Rückt ihr umständlich einen Sessel zurecht. Sie nimmt ihm gegenüber Platz.*

Frau Schmitt: Danke, vielen Dank.

Herr Tudor: Sie kommen wegen ihrem Mann, gute Frau? Sie glauben, es war kein Schlaganfall? Sie glauben, es war … Mord?

Frau Schmitt *überrascht*: Woher wissen Sie das?

Herr Tudor: Sonst wären Sie wohl nicht in meiner Detektei. Außerdem war Inspektor Lander heute morgen bei Ihnen. *Zeigt eines der Fotos*. Ich sah ihn durchs Fenster.

Frau Schmitt: Sie fotografieren die Nachbarschaft, Herr Tudor?

Herr Tudor: Spürnase, die Natur des Detektivs, Frau Schmitt. Keine Sorge!

Frau Schmitt: Ich rief ihn an. Aber er versicherte mir nachhaltig: „Es war ein Schlaganfall. Genau wie der Notarzt und der Hausarzt feststellten. Ganz sicher war es ein Schlaganfall. Sie bilden sich das ein. Sie haben zuviel Phantasie. Sie sind überreizt.“

Herr Tudor: Der Hausarzt kam, kurz nach ihm der Leichenwagen, die Leiche ist freigegeben. Aber Sie sitzen hier!

Frau Schmitt: Wie kann ein gesunder Mensch so plötzlich sterben, frage ich mich. Er hatte nie Probleme mit dem Blutdruck oder mit dem Herzen. Da hat jemand nachgeholfen, ich weiß es genau.

Herr Tudor: Sind Sie sicher, daß Ihr Mann so gesund war? Mir kam er die letzten Wochen sehr nervös und blaß vor.

Frau Schmitt: Er war die letzte Zeit erschöpft, das ist wahr.

Herr Tudor: Erschöpft? Und die Ränder unter den Augen, die ausgehöhlten Wangen? Es schien mir, er magerte von Tag zu Tag stärker ab.

Frau Schmitt: Max hatte wenig Appetit die letzte Zeit.

Herr Tudor: Sehen Sie, ein Magenproblem.

Frau Schmitt: Psychisch. Die Nerven. Aber doch keine Krankheit! Die Arbeit im Büro, der Ärger mit den Angestellten, die Überstunden, die …

Herr Tudor: Unzähligen Liebschaften?

Frau Schmitt *stottert*: Aber … aber … *Zieht ein Taschentuch hervor, trocknet sich die aufkommenden Tränen, schluchzt hinein.*

Herr Tudor *tätschelt sie tröstend*: Aber das wußte die ganze Nachbarschaft, Frau Schmitt, daß Max …

Frau Schmitt *schüttelt ihn ab*: Ich fand ihn tot in der Küche. Zusammengekrümmt, das Gesicht eine schreckliche Grimasse, der Speichel tropfte ihm noch aus dem Mund. Das war kein Schlaganfall!

Herr Tudor: Hatten Ihre Wiederbelebungsmaßnahmen keinen Erfolg?

Frau Schmitt: Wiederbelebungsmaßnahmen?

Herr Tudor: Ihr Mann konnte nicht lange zu atmen aufgehört haben.

Frau Schmitt: Ich Unglückselige, ich hätte ihn retten können?

Herr Tudor: Nun lassen Sie die Kirche im Dorf, Frau Schmitt.

Frau Schmitt: Er war in Schweiß gebadet, es roch seltsam.

Herr Tudor: Ein starker Geruch?

Frau Schmitt: Nicht sehr, aber unangenehm.

Herr Tudor: Sie öffneten das Fenster?

Frau Schmitt: Ja, das tat ich. Und dann sah ich …

Herr Tudor: Einen Schatten, jemanden, der vorüber schlich.

Frau Schmitt: Im Garten, der Schatten huschte durch die Tür am Zaun. Aber woher wissen Sie das?

Herr Tudor: Nur eine Vermutung, erzählen Sie weiter.

Frau Schmitt: Er klagte am Abend über starken Durst. Neben ihm lag das zerbrochene Wasserglas.

Herr Tudor: Hat das Klirren des Glases Sie geweckt?

Frau Schmitt: Nein, da war vorher ein Geräusch, im Garten. Kurz darauf hörte ich das Klirren von Glas und einen dumpfen Aufprall. Ich bin überzeugt, jemand hat ihn umgebracht.

Herr Tudor: Ihr Mann sackte einfach zusammen, das Glas fiel neben ihm auf den Boden. Sie wurden oder waren wach und eilten herbei, sahen den Toten, öffneten das Fenster, wegen dem unangenehmen Geruch, traten in die Splitter …

Frau Schmitt: Wie kommen Sie darauf?

Herr Tudor: Der Verband an Ihrem Fuß, Frau Schmitt. Sie drehten den Toten um, stellten fest, daß nichts mehr zu machen war, und griffen zum Telefon.

Frau Schmitt: Ja, so war es.

Herr Tudor: Sie riefen den Notarzt. Im selben Moment erschien die Putzfrau in der Tür.

Frau Schmitt: Sie haben mit Inspektor Lander gesprochen?

Herr Tudor: Nein, das habe ich nicht. Lander kam für mich erst später ins Spiel, nachdem der Notarzt gegangen war und die Leiche immer noch im Haus blieb. Nur mit der Putzfrau habe ich gesprochen. Sie rannte aus dem Haus, aufgeregt, aufgelöst, redete von einem mysteriösen Tod, daß Sie nicht glaubten, Ihr Mann sei auf natürliche Weise gestorben, und daß Sie gerade die Polizei alarmiert hätten.

Frau Schmitt: Daß die den Mund nicht halten kann.

Herr Tudor: Verständlich, bei der Aufregung.

Frau Schmitt: Wie stehe ich jetzt da?

Herr Tudor: Die Leiche zur Beerdigung freigegeben, der natürliche Tod bestätigt, Sie mit Ihrem Verdacht allein. Ich wäre an Ihrer Stelle auch zu mir hergekommen. *Geht umher, doziert mit erhobenem linken Zeigefinger, die andere Hand auf dem Rücken* Das ist mein Fach, liebe Frau Schmitt, meine Spezialität. Das ist die Kunst der Deduktion! Rein aus der Beobachtung heraus schließe ich auf den Sachverhalt. Rein aus der Beobachtung! *Selbstgefällig* Ein brillanter Logiker kann aus einem Wassertropfen auf die Möglichkeit eines Atlantiks schließen, ohne je von diesem gehört oder gesehen zu haben. Das ganze Leben ist eine große Kette, deren Wesen sich erhellt, wann immer wir ein einziges ihrer Glieder zu sehen bekommen. Wie alle Künste läßt sich die Wissenschaft der Deduktion und Analyse nur durch Talent und langes Studium erwerben. Die geheimsten Gedanken eines Menschen erschließen sich aus jähem Mienenspiel, dem Zucken eines Muskels, dem bestimmten Blick eines Auges. Darüber hinaus spricht zu uns der Gang, die Haltung, das Benehmen. Oder eben, wie in diesem Fall, der Zustand und die Lage eines Toten. Doch dieses zu erkennen, ist allein dem fähigen Analytiker vorbehalten. Denn es ist Fakt, daß nur, wer …

Frau Schmitt: So wissen Sie also, was geschah?

Herr Tudor *setzt sich wieder, stopft seine Pfeife*: Sagen wir, vielleicht ein großes Unglück. Es scheint ein recht einfacher Fall zu sein. Aber gerade die einfachen Fälle führen in der Kriminalistik oft zu großen Mißverständnissen. Die Frage bleibt, wie geschah es genau. Das ist in ein paar Stunden zu lösen. Ich muß aber vorher dringend in Ihre Wohnung und Ihren Garten.

Frau Schmitt *erhebt sich langsam*: Ich kann das nicht glauben, Herr Tudor, in ein paar Stunden … Sie scherzen.

Herr Tudor: Nun ja, ein bißchen länger dauert's manchmal schon. Ich komme am späten Nachmittag. Ist das recht?

Frau Schmitt *verwirrt*: Natürlich, natürlich. *Schlurft hinaus, die Nase noch im Taschentuch, schniefend.*

Herr Tudor lehnt sich seufzend zurück und geht erneut die Fotos durch. Er verweilt bei einem der Fotos länger, da stürmt, ohne anzuklopfen, seine Frau herein.

Frau Tudor: Was wollte denn die Schmitt von dir?

Herr Tudor: Das war geschäftlich. Das geht dich nichts an.

Frau Tudor: Ihr Mann ist tot!

Herr Tudor: Das sagte ich dir bereits.

Frau Tudor: Das mag sein, aber ich erfuhr es in allen Einzelheiten von der Bäckersfrau. Eine Tragödie!

Herr Tudor *mit wegwerfender Geste*: Ja nun. Mein Gott.

Frau Tudor *gerührt*: Das ist ja so tragisch. Herr Schmitt war so ein liebenswürdiger Mann. Zweimal sogar kam er in meine Lesungen. Er liebte die Poesie! Er war so liebenswürdig, so charmant, ein Gentleman, ein Kavalier der alten Schule. Eine edle Seele ist von uns gegangen. *Seufzt.*

Herr Tudor: Als er noch lebte, war er ein Tunichtgut,

Draufgänger und Antifeminist. Wie oft hast du geschimpft und gezetert, hast sogar behauptet, er stelle dir nach, *amüsiert* er stelle dir nach … haha, **dir**!

Frau Tudor: Aber nicht doch, du verdrehst alles! Er hatte seine Schwächen, aber im Grunde …

Herr Tudor *energisch*: Schluß jetzt, Lisa! Du stiehlst mir meine Zeit!

Frau Tudor *beleidigt*: Du Grobian! Du … du … *Läuft aus dem Raum, Tür knallt.*

Wohnzimmer. Durch das Fenster scheint romantisch der Vollmond. Frau Tudor sitzt mit vier jungen Dichterlehrlingen auf einfachen Stühlen im Kreis in der Mitte des Raumes. Jeder hat Papiere auf dem Schoß liegen. Besprechung von Gedichten.

Frau Tudor *steht auf, doziert*: Meine Lieben, schön, daß ihr zu meiner Dichterinnen- und Dichterschule gekommen seid. Ihr habt begriffen, wie wichtig die Dichtkunst für unser Leben ist. Sie allein schweißt uns zusammen, macht uns menschlich. Und nur sie allein lehrt uns, was wahre Gefühle sind. Nicht die Religion und auch nicht die Politik kann uns das lehren. Das sind Tümpel, in denen die sieben Todsünden gezüchtet werden. Die Poesie aber ist erhaben und tugendhaft. Sie kennt keinen Dünkel. Die Gemeinschaft kann nur gedeihen, wenn wir endlich die Dichtkunst anerkennen als die eigentliche Urkraft, die zum Guten führt. *Setzt sich hin.* Unser Thema habe ich ja angekündigt. Es ist ein ernstes und tragisches Thema. Es geht heute um den Tod. Um die Tragik des Todes. Ist das nicht ein Stoff, der die Lyrikerinnen und Lyriker herausfordert? *Steht auf.* Sie zu den Höhen des Olymp aufschwingen läßt? Der sie in ein anderes Verhältnis zum Leben setzt? Nun, was fiel euch dazu ein? *Setzt sich wieder hin.*

Fabian *gestelzt*: Liebe Frau Tudor. Darf ich in aller Bescheidenheit meine Verslein als erster vortragen? Sie sind geboren aus echtem Mitgefühl, besonders für die verstorbene Kreatur von nebenan. Und allgemein wirken sie vergleichend dem Leben gegenüber.

Frau Tudor: Ausgleichend, nicht vergleichend, lieber Fabian.

Fabian: Ausgleichend, dem Leben gegenüber. *Räuspert sich* Ein Appell an den Tod!

Frau Tudor: Bitteschön.

Fabian *mit Inbrunst*: Oh Tod! Enthülle dein Geheimnis. Entferne deinen Wolkendunst! Und übe nicht an mir, dem Schnitter gleich, der Disteln köpft und Ähren! Mußt mir meinen Grund doch lassen, meine Hütte, die du nicht gebaut, und meinen Herd, um dessen Glut du mich beneidest! Wer rettet mich vor deiner Sklaverei? Hab ich nicht alles selbst vollendet, einig reinen Herzens? Denn dich kann ich nicht ehren, Tod! Hast du die Schmerzen gelindert je des Beladenen? Hast du die Tränen gestillet je des Geängsteten? Hat nicht mich zum Manne geschmiedet die nichtsdenkende Zeit und das blindtätige Leben? Wähntest du etwa, ich sollte das Leben hassen, in Wüsten flieh'n, weil nicht alle Knabenmorgen Blütenträume reiften? *Florian endet, schaut selbstverliebt in den Raum, ein paar Sekunden Stille.*

Frau Tudor *entrückt, dann begeistert, klatscht übermütig in die Hände*: Wunderbar, wunderbar! Großartig, großartig! Du bist ein Genie, junger Mann!

Natascha *flüstert Amelie zu*: Irgendwie kommt mir das bekannt vor.

Amelie: Mir auch, hört sich nach Goethe an.

Natascha: Goethe, stimmt! Den hatten wir letzt in der Schule.

Amelie: Prometheus?

Natascha: Genau. Knabenmorgen, Blütenträume, ich erinnere mich, so ein Zeug war's.

Frau Tudor: Ruhe bitte!

Natascha: Entschuldigung, Frau Tudor. *Flüstert Amelie zu:* Na warte, dem Fabian werde ich's zeigen.

Frau Tudor *mit affektierter Gestik*: Einfach hinreißend, so gefühlvoll und weitblickend. Buchstäblich ein Gedicht. Sie haben großes Talent, Fabian, großes Talent!

Natascha *hebt die Hand*: Frau Tudor, darf ich weitermachen?

Frau Tudor: Nun, Natascha, trage vor. Wir sind gespannt.

Natascha *überlegt ein paar Sekunden, schaut sinnend in die Luft, dann mit ernster Miene:* Hochgestapelt, höher noch als Baum und Berg, ist Poesie vom Nichtsnutz, ist Poesie vom Zwerg. Der pflückt die fremden Federn, unter wachen Blicken, ist ein Nichtsnutz und ein Zwerg – ein Zwerg, so dumm wie dick der Berg. *Ende, peinliches Schweigen im Raum. Fabian rutscht auf seinem Stuhl hin und her.*

Frau Tudor: Ja, ähm, also … nett, aber, die Intention ist mir nicht ganz klar, es klingt ein wenig bäurisch und kryptisch. Du hast es aus dem Kopf zitiert?

Natascha: Ja, es ist ein sogenanntes Äther-Gedicht, entnommen aus den gegenwärtigen Schwingungen im Raum. Gewidmet unserem großen Dichter Fabian.

Fabian *scharf*: Wie meinst du das?

Frau Tudor: Natascha, würdest du uns erklären, was du mit diesem Gedicht genau meinst?

Natascha: Ist doch einfach: Nichtsnutze und geistige Zwerge stapeln gern hoch, bzw. sind Hochstapler, die sich gern mit fremden Federn schmücken.

Amelie: Hihi.

Natascha: Und wenn sie sich mit fremden Federn schmücken, wenn sie geistiges Eigentum stehlen …

Amelie: … unter wachen Blicken, also Leuten, die das merken …

Natascha: So sind sie so dumm, wie der Berg dick ist. *Kichert.*

Amelie *ahmt Frau Tudor nach*: Ein brillantes Gedicht, Natascha, großartig, großartig, du bist ein Supertalent! *Amelie und Natascha kichern.*

Frau Tudor *verwirrt*: Amelie, Natascha, was soll das, Schluß damit!

Amelie und Natascha *wischen sich die Lachtränen weg*: Bitte entschuldigen Sie, Frau Tudor, tut uns sehr leid.

Frau Tudor: Nun erkläre, Natascha, was soll das mit dem Hochstapeln, dem Zwerg und den fremden Federn. Es ist doch Ehrensache und selbstverständlich, daß ein wahrer Poet nicht klaut und hochstapelt.

Natascha: Fragen Sie doch mal den Fabian. *Kichert.*

Fabian *aufgeregt*: Ihr unverschämten Hühner, ihr meint mich damit, gebt es zu!

Amelie: Du fühlst dich angesprochen?

Fabian: Klar habt ihr mich gemeint, aber ich weiß nicht, wieso! Ich habe mir nichts zuschulden kommen lassen!

Natascha: Ach, und dein Gedicht? Der Goethe hat zufällig ein ähnliches geschrieben, ganz zufällig.

Frau Tudor: Goethe?

Amelie: Ja, Goethe. Fabian hat von Goethe abgeschrieben.

Frau Tudor: Nein, das kann nicht sein, so was würde Fabian nie tun.

Fabian *springt auf*: Stimmt auch nicht! Das ist ganz allein von mir, von mir, ganz allein von mir!

Natascha *energisch*: Das ist gelogen, du hast geklaut!

Fabian *wild fuchtelnd*: Nein, das ist von mir!

Natascha: Und wieso hört man den Goethe raus?

Fabian: Goethe hat mich inspiriert, mehr nicht. Das ist doch wohl erlaubt!

Amelie: Aha, ein inspirierter Klau.

Fabian: Das sind eigene, das sind meine Gedanken! Die habe ich selbst zusammengebaut.

Natascha *nachäffend*: Die habe ich selbst zusammengeklaut!

Amelie: Du bist ein Plagiator!

Fabian: Ich bin kein Plagiator! Blöde Kuh!

Natascha: Ganz klarer Fall von geistigem Diebstahl!

Fabian: Das müßt ihr mir erst beweisen!

Amelie: Hochstapler!

Frau Tudor *beschwichtigend*: Kinder, jetzt hört auf …

Natascha: Wichtigtuer!

Fabian *schwingt die Fäuste*: Jetzt reicht es mir!

Amelie und Natascha *stürzen sich auf ihn*: Lügner, Blender, dir werden wir's zeigen. Na warte. Möchtegernpoet, Dilettant, Nichtsnutz.

Elisa: *saß stillschweigend, jedoch im Verlauf nervös zappelnd auf dem Stuhl, rennt nun verstört und schluchzend aus dem Raum.*

Weiteres Gezeter. Frau Tudor versucht, den Tumult zu beschwichtigen. Licht geht langsam aus, das Gezeter wird leiser.

Wohnküche der Frau Schmitt. Herr Tudor sichtbar hinter dem Fenster im Garten, dann steigt er durch das Fenster ein, untersucht das Fensterbrett. Auf allen vieren inspiziert er dann mit einer großen Lupe den Boden und, sich aufrichtend, die Schränke und Regale, auf denen diverse Fläschchen stehen. Frau Schmitt steht am Rande und schaut zu.

Frau Schmitt: Zwei Stunden suchen Sie nun, haben Sie etwas gefunden? Wie lange dauert es noch?

Herr Tudor *die Schranktüren öffnend*: Ich bin fast fertig.

Frau Schmitt: Nun sagen Sie doch!

Herr Tudor: Erst, wenn ich alle Indizien zusammen habe. *Frau Schmitt geht ans Fenster, blickt hinaus. Herr Tudor inspiziert die oberste Schublade.* Bald wissen wir mehr. *Öffnet eine andere Schublade. Inspiziert einige Packungen Tabletten, öffnet welche, nimmt etwas heraus, steckt es ein. Danach blättert er kurz in einem Büchlein, das auf dem Schrank liegt und steckt es zu sich.*

Frau Schmitt: Ich halte diese Ungewißheit nicht mehr aus. Ich will, daß der Mörder gefunden und bestraft wird. Ich will Gerechtigkeit.

Herr Tudor: Sie haben seit kurzer Zeit eine Affäre.

Frau Schmitt *entsetzt*: Sie gehen zu weit!

Herr Tudor: Eine Affäre mit einem sogenannten Dichter, einem Künstler und Redakteur. Diese Spezies lungert seit längerem auch in unserm Hause herum. Sie wissen doch von den Abenden meiner Frau? Haben Sie nicht eben diesen Lärm gehört?

Frau Schmitt: Ja, aber was hab ich damit zu schaffen?

Herr Tudor: Sie waren nie da? Sie waren nie bei diesen Lesungen dabei?

Frau Schmitt: Nein, die sind nicht mein Fall, ehrlich

gesagt …

Herr Tudor: Aber Sie interessieren sich für Lyrik und ähnliche Auswüchse des menschlichen Verstandes? Ihr Mann Max war zweimal da. Kennen Sie Herrn Lobred, einen Kollegen und gewesenen Gönner meiner Frau?

Frau Schmitt: Den Redakteur. Ja, wer kennt ihn nicht?

Herr Tudor: Lassen wir es dabei. Sie sind es nicht, nebenbei bemerkt.

Frau Schmitt: Was bin ich nicht?

Herr Tudor: Sie sind nicht der Mörder Ihres Mannes.

Frau Schmitt *beleidigt*: Würde ich als Mörderin von Max bei Ihnen vorsprechen? Und was hat Herr Lobred damit zu schaffen?

Herr Tudor: Nichts, nur daß Sie eine Affäre mit ihm haben. Doch genug, genug für heute. Ich halte Sie auf dem Laufenden. Gute Nacht. *Geht ab.*

Wohnzimmer der Tudors. Frau Tudor sitzt auf dem Sofa, eine Weinflasche vor sich, trinkend, schniefend. Herr Tudor tritt ein, setzt sich neben sie.

Herr Tudor: Ich hörte, dein Abend war erfolgreich.

Frau Tudor *trotzig*: Was geht dich das an?

Herr Tudor: Man vernahm den Lärm bis in die Nachbarschaft. Dann lief mir Elisa über den Weg. Die war ganz schön verstört. Sie murmelte was von Diebstahl und Goethe.

Frau Tudor: Ich habe Goethe kaum gelesen, nun wurde ich dafür bestraft!

Herr Tudor: Weil du Goethe nicht gelesen hast? Ja, du hättest lieber den Goethe lesen sollen als diesen komischen Hölderlin.

Frau Tudor: Hölderlin ist nicht komisch! Er ist einer der bedeutendsten lyrischen Dichter! Voller Gefühl und allertiefster Wahrnehmung, im Gegensatz zu dir!

Herr Tudor: Expressiv, pathetisch, geschwollen und gedrechselt! Da hast du dir den richtigen Dichter ausgesucht.

Frau Tudor: Du hast keine Ahnung! .

Herr Tudor: Ich habe keine Ahnung, was bei dir los war. Ich möcht's auch gar nicht wissen. Nun ist Feierabend, ich möchte den Abend friedlich ausklingen lassen. *Nimmt sie in die Arme.* Nun komm. Sei lieb, das ist heilbar. Es braucht seine Zeit.

Frau Tudor *schmiegt sich an ihn, kleinlaut*: Natascha fing einen Streit an und Amelie auch und Fabian … *Ein Weinkrampf überwältigt sie.*

Herr Tudor *streichelt und tröstet*: Ist ja gut, ist ja gut. Hoffentlich siehst du bald ein, daß dieser Unsinn nichts bringt außer Ärger.

Frau Tudor *löst sich ruckartig aus seiner Umarmung, blickt ihn fragend an*: Warum hast du mich eigentlich geheiratet?

Herr Tudor: Du warst sehr hübsch. *Einlenkend, zärtlich* Bist es ja heute noch. Du warst unkompliziert. Du warst natürlich. Du warst normal. Dann kam die Dichtkunst, der Bildungswahn. Man konnte buchstäblich sehen, wie die Poesie deine Persönlichkeit veränderte. Und was du sensibel nennst, nenn ich zickig und überempfindlich. Launisch wurdest du, wie man von Künstlern, besonders Künstlerinnen, sagt.

Frau Tudor *springt auf, gestikuliert wild*: Ich bin immer noch so wie früher. Ich habe mich nicht verändert. **Du** hast dich verändert! Du bist ein Eisblock geworden. Nichts kann dich mehr erregen außer deine Arbeit, deine Bücher, deine Schnüffelei, deine Experimente! Ich habe mich nicht verändert! Du hast dich verändert, du bist schuld, du …

Herr Tudor: Hör auf! Kommunikation war nie deine Stärke.

Frau Tudor: Kommunikation, nicht meine Stärke … ich bin Dichterin!

Herr Tudor: Oh je, das vergaß ich. Nun geh ins Bett, Lisa. Schlaf eine Nacht darüber. Morgen sieht die Welt wieder anders aus. *Drückt und küßt sie.*

Frau Tudor *geht leicht torkelnd zur Tür*: Du liebst mich nicht mehr, du hast mich nie geliebt, nie hast du mich geliebt. *Ab.*

Herr Tudor *sich zum Publikum wendend*: Allein! Endlich allein![1] Wie schön war doch die Frühlingszeit, so klar und rein das Bild der Maid. Der Sommer kommt, der Sommer geht. Das Herbstlaub durch das Leben weht. Der Winter naht in großen Schritten, wie kann ich Lisa darum bitten: Laß ab von Poesie und Dichterglut. Laß ab von Poesie und Dichterglut. Nur ein Gehirn, das klar und rein, kann offen für das Leben sein. *Erschrocken zu sich selbst* Du meine Güte, ich werde ja poetisch. Ist wohl ansteckend *hüstelt, schüttelt sich.* Ich geh ins Bett, *schaut sich um* nein, aufs Sofa, im Bett lauert das Fieber.

---

1 Anspielung auf das Wolgalied von Franz Lehár.

Herr Lobred in der Redaktion. Frau Tudor erscheint unerwartet in seinem Büro.

Herr Lobred: Ach, Frau Tudor. Guten Tag. Wie geht es Ihnen? Setzen Sie sich doch. Ich hab zwar keine Zeit, Sie wissen, Termine, Termine, aber für Sie …

Frau Tudor: Keine Umstände. Ich bin nur da, um kurz etwas zu klären.

Herr Lobred: Ah, ich denke mir schon. Wegen Ihrer Gedichte. Aber da konnte ich nichts machen. Ich habe sie vorgeschlagen, mich eingesetzt, habe keine Mühe und Zeit gescheut. Aber die Redaktion, die Mehrheit, wir sind ein demokratisches Gremium, müssen Sie wissen, die Mehrheit, leider, hat anders entschieden.

Frau Tudor: Ich dachte, **Sie** seien die Redaktion und würden bestimmen.

Herr Lobred: Nein, da sind noch drei andere und die votierten dagegen. Ich konnte mich nicht durchsetzen. Ich habe es versucht. Tut mir leid. Aber es war unmöglich.

Frau Tudor: Dürfte ich den Grund erfahren?

Herr Lobred: Ihre Gedichtsammlung, die mir wirklich ausnehmend gut gefällt, fand leider keinen Anklang. Die Gedichte seien zu seicht, zu luftig. Ich darf doch ehrlich sein? Wenn das auch unfaßbar für mich war.

Frau Tudor *empört*: Was erlauben diese Leute sich?

Herr Lobred: Ach, es ging noch weiter, ich darf's Ihnen gar nicht erzählen.

Frau Tudor *erregt*: Nur zu, ich bin auf alles gefaßt!

Herr Lobred: Aber nein, das kann ich Ihnen nicht zumuten.

Frau Tudor: Bitte, bitte! Berichten Sie!

Herr Lobred: Sie sagten, es wäre pathetischer Kitsch. Es wäre sogar eine hirnlose Ausgeburt von pathetischem Kitsch …

Frau Tudor *schnappt nach Luft*: Diese Proleten! Diese Barbaren!

Herr Lobred: Hausfrauenphantasien auf Wolke sieben.

Frau Tudor *ringt die Hände*: Das ist nicht zu glauben!

Herr Lobred: Sie sagten, jeder Geisteskranke hätte besser gedichtet und …

Frau Tudor *schreit*: Genug! Es reicht! Ich werde die anzeigen, das werde ich! Wegen Verleumdung!

Herr Lobred *beschwichtigend*: Aber Frau Tudor, beruhigen Sie sich. Das ist doch nur dummes Geschwätz. Die haben ja keine Ahnung von der Poesie.

Frau Tudor: Und auch kein Gefühl, kein Gefühl für das Wahre, Gute, Schöne. Ohne Gesinnung und Herz. Aber … wie geht es jetzt weiter? Gibt es eine Möglichkeit?

Herr Lobred: Es geht nicht weiter. Sie müssen andere Wege suchen. Privat. Sie müssen auf eigene Kosten veröffentlichen. Anders geht es nicht.

Frau Tudor: Ach, es ist immer dasselbe mit uns Künstlerinnen und Künstlern. Aber ich werde es weiter versuchen. Ich werde es allen beweisen. Seien Sie gewiß, ich gebe nicht auf!

Herr Lobred: Ich werde Sie unterstützen, so gut ich kann. Ich habe Ihr Potential erkannt. Doch nun was anderes, verehrte Frau Tudor. Ich hörte, man spricht davon, daß Ihr Mann in der Sache Schmitt tätig ist. Es soll ein Mord gewesen sein.

Frau Tudor: Ich kümmere mich nicht um die Angelegenheiten meines Mannes. Aber es scheint so, daß er in einem Mordfall recherchiert. Meiner Meinung nach ist das Unfug. Eine Manie der Frau Schmitt. Sie ist eine nervöse Person, die gerne übertreibt. Sie macht sich wichtig, will in die Schlagzeilen.

Herr Lobred: Sie haben wohl recht. Es ist nichts dran. *Das Telefon klingelt, Herr Lobred macht eine entschuldigende Geste.* Sie sehen, die Arbeit ruft.

Frau Tudor: Bis bald. Sie hören von mir. *Ab.*

Büro von Herrn Tudor. Fabian sitzt ihm gegenüber.

Fabian: Was wollen Sie von mir, Herr Tudor? Ich habe nichts getan. Natascha und Amelie haben mich provoziert und am Ende tätlich angegriffen, ich habe mich nur gewehrt. Ich habe nichts Böses getan. Ich bin unschuldig.

Herr Tudor: Es geht hier nicht um Kinderkram. Ich möchte wissen, warum du der Frau Schmitt nachstellst, warum du sie beschattest.

Fabian: Sie wissen …

Herr Tudor: Das weiß ich schon lange. *Beginnt Fotos aus dem kleinen Stapel Fabian vorzulegen* Hier … und hier … Hier schon wieder, vor zwei Tagen. Es regnete. Die Schmitt ging mit Schirm. Wie gern hättest du den Schirm gehabt und sie unter deine Fittiche genommen. Aber den Schirm trägt sie und du schleichst ohne Mantel hinterher. Auch hast du dich in den Lesekreis meiner Frau eingeschlichen, weil du dachtest, Frau Schmitt käme hin.

Fabian: Aber sie kam nie. **Er** kam. Dieser Schurke von Ehemann. Dieser gemeine Betrüger!

Herr Tudor: Du hast ihn letzte Woche spät abends auf der Straße angegriffen, hast ihn beschimpft. Ich stand an der Ecke, du hast mich nicht gesehen.

Fabian: Das war zu Recht! Ein Casanova war er! Das hat sie nicht verdient! Sie ist eine reine Seele, eine erhabene Schönheit, der Inbegriff der Schönheit. Eine Venus! Jawoll, eine Venus!

Herr Tudor: Dir hat die Poesie wohl auch den Kopf vernebelt.

Fabian: Nein, das sind elementare Gefühle. Tiefe Gefühle, wie sie uns die Natur vorgibt.

Herr Tudor: Reiner Trieb, wenn du mich fragst.

Fabian: Und dann dieser Lobred, dieser Lackaffe von der Zeitung! Den hätte ich umbringen können. Der hat meine Venus betört. Er hat einen Namen, besitzt eine Zeitung. Was bin ich dagegen? Noch grün hinter den Ohren. Aber sie, meine Venus, hat sich von ihm hinreißen lassen. Oft stand ich vor ihrem Fenster unten auf der Straße und sah die beiden Schatten, wie sie zueinander fanden, der Schmitt war dann auswärts essen, *ironisch* sich an fremden Früchten gelabt, haha! Aber jetzt ist er tot und sie ist allein, verletzbar, ausgeliefert. *Springt auf.* Ich muß sie retten!

Herr Tudor: Sachte, sachte. Aber du weißt, daß man einen Mord vermutet?

Fabian *setzt sich wieder*: Ich hörte es. *Erregt* Aber ich, ich war es nicht! Sie glauben doch nicht, daß ich das war?

Herr Tudor: Aber nein. Dir fehlt dazu die kriminelle Energie. *Steht auf, geht umher, denkt nach.* Du magst die Schmitt. Aber was weißt du von ihr? Wo ging sie hin, als du ihr vor zwei Tagen im Regen nachstiegst?

Fabian: Ich folgte ihr nur ein Stück.

Herr Tudor: Mach mir nichts vor, Junge! Du kannst dich mit deinen Aussagen nur entlasten, wenn du alles sagst.

Fabian: Zu einem Arzt ist sie gegangen.

Herr Tudor: Zu ihrem Hausarzt, nehme ich an.

Fabian: Einem gewissen Privatdozenten Dr. Leidvoll.

Herr Tudor: Als sie zurückkam, war sie allein.

Fabian: Ja, ich verließ sie vor der Arztpraxis, da ich keine Zeit mehr hatte.

Herr Tudor: Was hältst du hiervon? *Zeigt ihm ein Foto.*

Fabian: Frau Schmitt an der Papiertonne nebenan? Was bedeutet das?

Herr Tudor: Sie wirft dort was rein, wie man sieht, so im Vorbeigehen. Es war eine Stunde nach ihrem Arztbesuch.

Fabian: Seltsam, sie hat doch eine eigene Tonne?

Herr Tudor: Eben. Nun lauf mal hinüber und schau, ob du was auffälliges findest, eine Tablettenschachtel oder Medikamente.

Fabian: Und wenn mich jemand sieht?

Herr Tudor: Dann sage, du bist im Auftrag von mir unterwegs. Spurensicherung, Beweise sammeln, irgendwas in der Art.

Fabian: Sofort, Chef. *Ab.*

Herr Tudor *holt eine Packung Tabletten aus der Schublade; dreht und wendet sie:* Schlaftabletten, ganz normale Schlaftabletten. W*ählt eine Telefonnummer; telefoniert* Tag, Frau Schmitt, ich hätte noch einige Fragen. Wäre es recht, wenn Sie gleich rüberkämen? Es paßt? Kurz, ja. Danke. *Tudor nimmt die Tabletten raus, inspiziert sie mit der Lupe. Es klopft.* Herein! *Frau Schmitt tritt ins Zimmer.* Bitte, nehmen Sie Platz.

Frau Schmitt: Danke. Sind Sie weitergekommen?

Herr Tudor: Das Bild wird immer klarer. Sagen Sie, Frau Schmitt, war Ihr Mann in ärztlicher Behandlung?

Frau Schmitt: Nein, nie, er hatte eine Arztphobie. Er bildete sich ein, die Ärzte machen die Leute kränker, als sie sind. Darum hat er sich selbst behandelt. Mit Tinkturen, Kräuterpillen, Tees, Sie haben die Mittel ja gesehen.

Herr Tudor: Was ist mit den Schlaftabletten, die ich in der Schublade fand?

Frau Schmitt: Das sind meine. Mit dem Einschlafen habe ich Probleme, während mein Mann nie damit zu tun hatte. Er schlief immer tief und fest. Auch wenn nicht, er würde das Giftzeugs, wie er das nannte, nie nehmen.

Herr Tudor: Aber er nahm Baldrian? Da stand eine große Flasche.

Frau Schmitt: Ja, wenn er nervös war, wenn er Streß hatte, es beruhigte ihn. Aber zum Einschlafen brauchte er's nie.

Herr Tudor: Vor seinem Tod jedoch hat er eine Menge Baldriantinktur geschluckt. Daher der unangenehme Geruch.

Frau Schmitt: Es ging ihm nicht gut.

Herr Tudor: Sie haben nichts gemerkt, getrennte Schlafzimmer?

Frau Schmitt: Ja, er schnarchte stark. Und ich mit meinen Einschlafproblemen …

Herr Tudor: Schauen Sie doch mal, Frau Schmitt, hier, die Tabletten, sie haben eine andere Aufschrift als auf der Packung. Wie erklären Sie sich das?

Frau Schmitt *schluchzt*: Oh, das ist mir so peinlich, so peinlich! Sie werden es eh herausfinden. Das ist nun auch egal.

Herr Tudor: Was werde ich eh herausfinden? Daß Sie krank sind?

Frau Schmitt: Ich hatte vor einem Jahr zwei schlimme Krampfanfälle hintereinander, zum Glück war mein Mann verreist. Ich ging zum Arzt, Dr. Leidvoll, er diagnostizierte Epilepsie und verschrieb mir ein Neuroleptikum. Seitdem ist nichts mehr passiert, aber man weiß nie, immer diese Angst, das macht einen verrückt.

Herr Tudor: Und ihr Mann durfte davon nichts wissen?

Frau Schmitt: Nein, wir hatten schon Probleme genug. Ich dachte, wenn er weiß, daß ich Epilepsie habe, dann wird er mich sofort verlassen. Diese Belastung wäre er nicht bereit gewesen zu tragen.

Herr Tudor: Darum haben Sie das Neuroleptikum umgefüllt in die Packung mit den Schlaftabletten? Damit er nichts merkt?

Frau Schmitt: Ja, damit er nichts merkt. Das hat funktioniert.

Herr Tudor: Was ist mit Ihrer Affäre?

Frau Schmitt: Ach, diese Affäre, ein Ausgleich, ein Lichtblick im trüben Ehedasein. Trotzdem war da noch ein Rest, ein winziger Faden, der mich an meinen Mann band. Die Angst, von Gewohntem und ehemals Geliebtem verlassen zu werden.

Herr Tudor: Nun, die Gewohnheit ist jetzt tot. Sie sind frei.

Frau Schmitt *schluchzt*: Es tut mir so leid für ihn, im Grunde liebte ich ihn sehr. Obwohl er mich betrog, ständig. Es war fürchterlich.

Herr Tudor: Es ist vorbei, Frau Schmitt, blicken Sie nach vorn. Machen Sie das Beste draus.

Frau Schmitt: Danke, Herr Tudor. Haben Sie noch weitere Fragen? Ich bin etwas in Eile.

Herr Tudor: Nein, ich habe nun alles zusammen. Danke, daß Sie so offen waren. Bis bald!

Frau Schmitt: Bis bald, Herr Tudor. *Ab.*

Kaum ist Frau Schmitt raus, stürmt Fabian ins Zimmer.

Fabian: Das habe ich gefunden! *Wirft eine leere Tablettenschachtel auf den Schreibtisch.* LEVOTOX-MORTAL.

Herr Tudor: Das ist die Schachtel, in der Frau Schmitt ihr Neuroleptikum kaufte.

Fabian: Neuroleptikum?

Herr Tudor: Ein Mittel gegen bestimmte Arten epileptischer Anfälle, Fabian.

Fabian: Frau Schmitt ist krank?

Herr Tudor: Es ist ein Leiden, mit dem man normalerweise alt wird, nur eben stellt es eine Beeinträchtigung dar und ist in der Gesellschaft nicht gut angesehen.

Fabian: Das tut mir aber leid für die Frau Schmitt.

Herr Tudor: Sie hat es gut im Griff.

Fabian: Aber warum wirft sie die Packung in die Tonne nebenan?

Herr Tudor: Weil sie die Tabletten in einer anderen Packung versteckte, damit ihr Mann nichts merkt.

Fabian: Er sollte nichts merken? Sie wollte ihn schonen?

Herr Tudor: Tatsächlich, sie wollte ihn schonen. So was kommt bei Frauen vor.

Fabian: Und wie paßt das zu dem Fall?

Herr Tudor: Kombiniere, Fabian, kombiniere. Frau Schmitt hat Epilepsie, vertauscht die Verpackungen, genauer: Neuroleptikum gegen Schlaftabletten. Sie weiß, er nimmt keine Schlaftabletten, da sein Schlaf tief und fest ist. Sie ist sich sicher. Herr Schmitt hat Schmerzen, er steht auf, kann vor Schmerzen nicht schlafen. Er nimmt seine Mittel, darunter Baldriantinktur, davon ziemlich viel. Er ist übermüdet, dabei aufgedreht, er schwitzt, ihm ist übel. Er sitzt in der Küche, er liest das Buch. Er wartet auf die Wirkung, die sich nicht einstellen will, er trinkt Wasser. Im Garten derweil lungert eine komische Gestalt herum, ebenso schlaflos, aber aus anderen Gründen. Mehr erzähle ich nicht. Es ist ein leichter Fall.

Fabian: Die Gestalt im Garten, es war der Mörder?

Herr Tudor: Oder ein Zeuge. Das werden wir sehen.

Fabian *eilig*: Ich glaube nicht, daß Herr Schmitt umgebracht wurde. Ja, wirklich, Herr Tudor, Sie müssen mich aber nun entschuldigen. Ab.

*

Wohnzimmer der Schmitts. Es ist spätabends. Herr Lobred sitzt im Sessel, Frau Schmitt steht vor dem Fenster.

Frau Schmitt: Herr Tudor weiß von unserer Affäre, bald wissen es alle.

Herr Lobred: Wie konntest du auch nur zu ihm gehen? Was soll die Geschichte mit dem Mord? Was hast du angerichtet? Sie werden mich verdächtigen. Ich habe kein Alibi.

Frau Schmitt: Du bist nicht der einzige, der ein Motiv hat. Man stellt mir nach. Irgendjemand verfolgt mich seit Wochen. Ich bekam anonyme Briefe. Manche warnten mich vor dir. Du hättest Liebschaften. Du wärest wie mein Mann, ein Casanova. Du würdest mich nur benutzen.

Herr Lobred: Aber, Liebste, das ist doch absurd!

Frau Schmitt: Insofern kannst du nicht der Mörder sein. Du würdest Gefahr laufen, daß ich dich als Witwe heiraten wollte. Was wäre dann mit den anderen?

Herr Lobred: Aber, ich schwöre, nur du allein …

Frau Schmitt: Schweig! *Dreht ihm den Rücken zu, geht nachdenklich umher.* Die Briefe enthielten konkrete Angaben über deine Affären, Namen, Adressen … *lächelt* bekannte Namen, bekannte Adressen. Andererseits *strenger Seitenblick* bin ich sehr vermögend. Das könnte ein Motiv sein: mein Geld. *Dreht sich ruckartig ganz zu ihm um* Oder nicht?

Herr Lobred *springt auf*: Das hör ich mir nicht länger an! Der Schreiber der Briefe kann genauso gut der Mörder sein. Er will den Verdacht auf mich lenken! Natürlich hatte ich Affären, aber das ist längst vorbei! Das weißt du! Ich meine es ernst mit dir. Und so dankst du es, indem du mich verdächtigst, ein Mörder aus niedrigen Motiven zu sein. *Nimmt seinen Hut* Such dir einen anderen Trottel! *Ab.*

Frau Schmitt wendet sich zum Fenster, die rechte Hand am Kinn, nachdenklich.

Frau Schmitt: Alles Theater! Alles nur ein Spiel!

Sie nimmt aus einem Bücherregal ein Buch heraus und schlägt es auf. Sie liest mit resignierter Stimme.

„In diesen Liedern suche du
Nach keinem ernsten Ziel!
Ein wenig Schmerz, ein wenig Lust,
Und alles war ein Spiel.
Besonders forsche nicht danach,
Welch Antlitz mir gefiel,
Wohl leuchten Augen viele drin,
Doch alles war ein Spiel.
Und ob verstohlen auf ein Blatt
Auch eine Träne fiel,
Getrocknet ist die Träne längst,
Und alles war ein Spiel.“[2]

Frau Schmitt, das offene Buch in den Händen, geht zum Fenster, schaut nachdenklich hinaus. Es klopft an der Tür.

Frau Schmitt *zuckt zusammen, dreht sich um*: Die Tür ist offen. *Herr Tudor erscheint in der Tür.*
Herr Tudor: Bitte entschuldigen Sie die Störung, ich dachte, ich schau mal nach ihnen.
Frau Schmitt: Sie sahen wieder durch ihr Fenster und haben gesehen, daß Herr Lobred wütend mein Haus verlassen hat, nicht wahr? Sie haben mit ihm gesprochen.
Herr Tudor: Ja, er hat mir versichert, nicht der Mörder zu sein.

---

2 C.F. Meyer: Gedichte – Alles war ein Spiel

Frau Schmitt: Ach, dieser Windhund, dieser elegante Taugenichts. Er hat nicht den Schneid zum Mörder.

Herr Tudor: Ich war heute übrigens in mehreren Kneipen, es kreisen schon mindestens zwanzig Verdächtige durch die Luft. Die Leute reden und fabulieren ohne Verstand. Er soll vergiftet worden sein, sagen die einen, man habe ihn erstickt, die andern. Ein Raubüberfall. Ein eifersüchtiger Liebhaber. Die Polizei ist genervt. Täglich melden sich Zeugen, die was gesehen hätten. In den Familien mißtraut man sich. Die Ehefrauen verdächtigen ihre Männer und umgekehrt. Ich muß der Sache ein Ende setzen, bevor die Hefe zu gären beginnt und weiterer Schaden entsteht. Morgen abend werde ich den Fall aufklären. Alle Beteiligten werden sich um 20 Uhr bei mir zuhause einfinden. Hiermit bitte ich auch Sie, anwesend zu sein.

Frau Schmitt: Ich werde da sein. Nun gute Nacht. *Herr Tudor ab.*

Wohnzimmer der Tudors. Alle Mitspieler sind anwesend. Auch Inspektor Lander und Herr Lobred. Gemurmel und Bewegung.

Herr Tudor *laut*: Bitte Ruhe! Und setzen! *Alle setzen sich bis auf ihn und seine Frau und lauschen gespannt.*

Frau Tudor: Darf ich kurz die Begrüßung übernehmen?

Herr Tudor: Wenn's denn sein muß.

Frau Tudor *feierlich*: Liebe Versammelte und Versammeltinnen. Eigentlich sollte heute abend unser großes Dichterinnen- und Dichtertreffen sein. Da mein Mann aber meinte, es wäre wichtiger, einen Fall aufzuklären, der klar ist, so müssen wir heute leider auf die hochgeistige Speise verzichten und …

Herr Tudor *schimpft*: Was für ein dummes Geschwafel, setz dich hin und sei still! *Frau Tudor setzt sich beleidigt hin.*

Frau Schmitt: Herr Tudor, was haben Sie herausgefunden? Bitte klären Sie uns auf.

Herr Lander *unterbricht*: Aber es war doch ein Schlaganfall. Das haben alle Fachleute bestätigt. Warum dieser Aufstand hier?

Natascha *stürmisch*: Nein, es war Mord! Mord! Das ist doch klar! Das liegt auf der Hand. Ein Liebhaber war's.

Amelie: Nein, es war die Frau Schmitt selbst, die hat sich gerächt wegen der vielen Affären von ihrem Mann.

Frau Schmitt schlägt die Hände vors Gesicht.

Herr Lander: Hört auf mit dem Unsinn! Es war ein Schlaganfall!

Herr Tudor *laut und bestimmend*: Ruhe! Jetzt rede ich! Es war kein Schlaganfall und auch kein Mord. *Gemurmel.* Es war ein Unglück, ein Versehen.

Natascha: Aber … *Herr Tudor bremst sie mit einem strengen Blick.*

Herr Tudor: Herr Schmitt hatte ein Magenproblem, der Kundige sah es ihm an. Dazu war er überarbeitet, trank und rauchte viel. Gegen die Schmerzen nahm er eine Tinktur aus Weidenrinde, ich fand drei kleine Flaschen davon in der Schublade, eine angebrochen …

Frau Schmitt: Das stimmt, er nahm die Tropfen täglich. Ich mußte sie ihm immer aus der Drogerie besorgen, der Arzt verschreibt so etwas nicht.

Herr Tudor: Ebenfalls nahm er eine Baldriantinktur, gegen nervöse Beschwerden. Was er nie brauchte, waren Schlaftabletten. Denn durch seine Anämie war er immer müde und schlapp, schlief eher viel und fest.

Frau Schmitt: Das stimmt, Schlafmittel nahm er nie.

Amelie *ironisch*: Bei so vielen Liebschaften wie der hatte, wäre ich auch erschlagen!

Fabian: Laß die Frau Schmitt in Ruhe!

Amelie: Du spielst ihren Anwalt?

Fabian: Halt die Klappe, blöde Ziege!

Amelie *zischend*: Bist wohl verknallt, was?

Herr Tudor *laut*: Schluß jetzt! *Kleine Pause, er besinnt sich.* In der Nacht seines Todes jedoch, darf ich sagen, Frau Schmitt, daß Sie getrennte Schlafzimmer hatten?

Frau Schmitt: Wegen, nun wegen …

Herr Tudor: Jedenfalls, Sie hatten getrennte Zimmer. Herr Schmitt wacht auf: vor Schmerz. Er kann zum ersten Mal nicht schlafen in dieser Nacht, der letzten seines Lebens. Die Schmerzen in seinem Magen waren stärker geworden, ihn schwindelte.

Er ging in die Küche, nahm Weidenrindentinktur, füllte ein großes Glas Wasser ab und trank. Er fing an zu schwitzen, war übermüdet, andererseits aufgedreht und nervös. So griff er zur Baldriantinktur, eine große Dosis. Er wartete ab, setzte sich auf den Schemel. Es wurde nicht besser, er quälte sich weiter. Als nichts half, öffnete er nochmals die Schublade, sah das Schlafmittel …

Frau Schmitt: Aber er hätte es nie genommen! Nie!

Herr Tudor: Doch, Frau Schmitt. Die Schmerzen, die Unruhe zwangen ihn dazu. Er wollte, daß es endlich aufhört. Wie erlösend wäre ein wenig Schlaf gewesen.

Frau Schmitt: Oh mein Gott. *Fängt an zu schluchzen.*

Herr Tudor: Da er große Dosen von den Naturmitteln gewöhnt war und schnell Abhilfe schaffen wollte, nahm er drei auf einmal. Er unterschätzte die Folgen, auch wenn's das Schlafmittel gewesen wäre.

Natascha: Es war kein Schlafmittel?

Herr Tudor: Nein, es war ein Neuroleptikum.

Amelie: Gegen Epilepsie!

Herr Tudor: Richtig, Amelie. Gegen Epilepsie.

Frau Schmitt *erschrocken*: Ich bitte um Diskretion!

Amelie *laut zu Natascha*: Siehst du, sie hat ihn vergiftet!

Natascha: Typisch Frau!

Fabian: Ihr seid die Giftspritzen, hört endlich auf!

Herr Tudor: Wir müssen es sagen, liebe Frau Schmitt. Wir sind alles Menschen hier und gerade die eingefleischten Poeten unter uns *ironischer Blick auf seine Frau und in die Runde* leben den hohen Anspruch, das Leiden ihrer Nächsten mit dem größten Mitgefühl zu betrachten. Klatsch und Tratsch über die Privatsphäre anderer ist unter dem Niveau der wahren, guten, schönen Seele. *Hüstelt* Weiter im Text. Er nahm die Tabletten, in der

Annahme, es sei ein Schlafmittel, denn so stand es auf der Packung drauf. Aber es war, wie gesagt, ein Neuroleptikum.

Ein Neuroleptikum, das Sie, Frau Schmitt, vorbeugend nehmen gegen Krampfanfälle, die Ihnen peinlich sind. Ihr Mann durfte es nicht wissen. Darum haben Sie das Neuroleptikum einfach in die Packung mit Schlaftabletten umgefüllt.

Frau Schmitt: Müssen Sie alles so breittreten?

Herr Tudor: Wir stecken leider in einem delikaten Fall, und alles dient nur Ihrer Entlastung, Frau Schmitt.

Frau Schmitt: Meiner Entlastung?

Herr Tudor: Krampfanfälle, sage ich, die Ihnen peinlich sind und die Sie vor Ihrem Mann und aller Welt verheimlicht haben. Darum haben Sie das Mittel versteckt – in einer Packung, von der Sie annehmen mußten, daß Ihr Mann sie nie anrühren würde. Denn, wie sagen Sie treffend, er hatte Schlafmittel nie nötig. Wer hätte auch auch damit gerechnet, daß es ihm so übel erginge, daß er zu Mitteln greift, die er sonst strikt ablehnte.

Herr Lander: Aber es war ein Schlaganfall, die Ärzte können nicht irren!

Natascha: Nein, es war kaltblütiger Mord!

Fabian: Er wurde nicht ermordet, das weiß ich genau! Frau Schmitt ist unschuldig!

Natascha: Woher weißt du das so genau?

Fabian: Ich habe es gesehen!

Amelie: Wie, du hast es gesehen?

Herr Tudor: Sehr gut, Fabian, nun ist es an dir, dich zu outen.

Fabian *zu Frau Schmitt*: Ich war derjenige, der Sie verfolgte, der um Sie rum und stetig präsent war. Auch im Garten, in der besagten Nacht, ich wollte Sie beschützen …

Amelie: Das gibt es doch nicht, du bist ein Spanner?

Natascha: Ein Stalker!

Amelie: Fabian hat viele Talente, Hochstapler, Stalker, Spanner …

Herr Tudor: Noch ein Wort und ihr seid draußen! *Natascha und Amelie tun beschwichtigend, sie reißen sich zusammen.*

Frau Tudor: Unmöglich, wie ihr euch benehmt. Bitte mehr Ernst und Mitgefühl!

Frau Schmitt: Du hast mir auch die Briefe geschrieben, die Herrn Lobred kompromittieren sollten?

Fabian: Ich meinte es nur gut, ich wollte nicht, daß Sie noch unglücklicher werden.

Frau Schmitt: Wenigstens einer aus dieser unseligen Dichtergruppe, der mit mir fühlt, auch wenn's ein wenig übersteigert ist. Fabian, das ist eine schöner Wesenszug an dir. Nur halte ihn im Zaum.

Fabian *verlegen*: Danke, Frau Schmitt, danke für Ihre Nachsicht.

Herr Tudor: Fabian lungerte also im Garten rum, zu einer Zeit, in der anständige Leute schlafen.

Fabian: Ich habe nie was unanständiges getan! Mir gingen viele Gedanken durch den Kopf, ich konnte nicht schlafen, ein komisches Gefühl ließ mich nicht zur Ruhe kommen.

Frau Tudor: Eine Vorahnung? Das soll's geben.

Fabian: Mag sein, irgendwas zog mich zu ihr hin, zu Frau Schmitt. Kaum war ich im Garten, sah ich Licht in der Küche brennen, ich sah Herrn Schmitt, wie er dort hantierte, dann saß und wie er dann auf einmal vom Stuhl fiel.

Herr Tudor: Du hast es gesehen?

Fabian: Ich habe es gesehen, trat näher ran, sah ihn am Boden liegen, er zuckte. Ich war völlig geschockt und erstarrt. Ich konnte mich einige Minuten nicht bewegen. Es war wie ein böser Traum.

Herr Tudor: Dann kam Frau Schmitt?

Fabian: Ja, als sie kam, schreckte ich aus der Starre. Sie durfte mich nicht sehen. Schnell rannte ich weg, da sie im Begriff war, das Fenster zu öffnen.

Frau Schmitt: Das war der Schatten, den ich wahrnahm. Und der den Verdacht auslöste, mein Mann wäre durch eine fremde Hand gestorben.

Fabian: Alle diese Gerüchte sind nicht wahr. Ich kann es bezeugen.

Herr Tudor: Danke für deinen Bericht, Fabian. Auch wenn mir mißfällt, daß er nicht das Resultat einer seriösen detektivischen Untersuchung ist, sondern sich aus niederen poetischen Anwandlungen entwickelte.

Frau Tudor: Siehst du, auch „niedere" poetische Anwandlungen haben das Zeug dazu, dieselben Resultate hervorzubringen wie rationales Vorgehen.

Herr Lander: Ich behaupte jedoch, daß erstere statistisch mehr Versager hervorbringen als eine mit Verstand geplante Vorgehensweise.

Frau Tudor: Das müssen Sie erst beweisen!

Herr Lander: Muß ich nicht, weil es in sich logisch ist.

Herr Tudor *sieht auf seine Uhr*: Wir wollen zum Schluß kommen, zum letzten Akt. Herr Schmitt schluckt also die Tabletten mit dem Wasser. Das Glas behält er in der Hand, er ist noch durstig. Dann setzt er sich wieder auf den Schemel und wartet wieder ab. Dabei greift er sich dieses Büchlein, es lag auf dem Regal, *zeigt es der Runde,* „Der Dichter und sein verlassen Herz, herausgegeben von Felix Lobred", mit einer vieldeutigen Widmung an Frau Schmitt auf der inneren Umschlagseite.

Frau Schmitt *jammernd*: Diskretion, bitte, Herr Tudor.

Herr Tudor: Ich kann es Ihnen nicht ersparen, auch hat es sich herumgesprochen, liebe Frau Schmitt. Wir sind bald durch und dann hören Sie nichts mehr, was Sie quält. Sie haben nicht allein ein Geheimnis. Das ganze Dorf wimmelt von Geheimnissen, sie tummeln sich in Betten und Stuben. Wie ein antiker Philosoph es damals formulierte: Wer ohne Geheimnis ist, der werfe den ersten Stein.

Frau Tudor: Du verdrehst auch alles!

Herr Tudor: Das Büchlein hatte feuchte Wasserflecken innen. Herr Schmitt muß noch darin geblättert haben, amüsiert oder verärgert, denn ein Zittern der Hände läßt ihn Wasser auf einzelne Seiten verspritzen. Dann beginnt die Wirkung des Medikaments. Sein Mund wird trocken, Sehstörungen treten ein. Er steht auf, füllt sein Glas nach. Ein Krampf schüttelt ihn, das Glas fällt ihm aus der Hand. Die Agonie setzt ein, das Gesicht erstarrt. Was kein Wunder ist bei dieser Dosis von dem Giftzeugs.

Herr Lander *ungehalten*: Aber der Hausarzt hat die Diagnose des Notarztes bestätigt, es war ein Schlaganfall. Der kann sich doch nicht irren. Wie können Sie sich solch eine Diagnose erlauben? Sie sind kein Arzt!

Frau Schmitt: Aber ich kann alles nur bestätigen. Die Vorgeschichte, die Details, alles stimmt.

Fabian: Ich auch! Er hat eine Menge Zeugs geschluckt. Außerdem stirbt jemand mit Schlaganfall ganz anders.

Herr Lander: Woher willst du das wissen?

Fabian: Aus meiner Zeit als Zivi im Krankenhaus. Der Hausarzt und der Notarzt haben ja das Sterben an sich nicht beobachtet. Sie sahen nur den Toten. Ich aber habe gesehen, wie er krampfte und zuckte.

Herr Lander: Und leistest keine Erste Hilfe!

Fabian: Ich war wie gelähmt.

Herr Lander: Schon gut.

Herr Tudor *zu Lander*: Vor zehn Jahren verfaßte ich eine Abhandlung für die Gerichtsmedizin: „Deduktion der Symptome bei Vergiftungsfällen". Dort wird ausführlich geschildert, wie das Aussehen von Toten klare Hinweise auf die Umstände liefert, die zum Tode durch Vergiftung führen. Erläutert wurden alle uns betreffenden Gifte, inklusive Medikamentengifte. Dieses Werk steht in der Bibliothek der Gerichtsmedizin. Aber bei dem Notarzt und dem Hausarzt, den ich gut kenne, wird es Zeitmangel gewesen sein. Schnell mal drüberschauen. Und der örtlichen Polizei selbst ist Deduktion in all ihrer Bedeutung noch etwas fremd. Da fehlt das Wissen. Der Forscherdrang. Aber nebenbei: ich arbeite gerade an einem Leitfaden …

Herr Lobred *springt auf*: Ach, welch ein Unglück! *Stürmt auf Frau Schmitt zu, nimmt ihre Hände in die seinen.* Effi, es tut mir so leid. Bitte entschuldige. Es ist nichts verloren. Ich liebe dich doch, ich … *Fassungslose Gesichter, Kopfschütteln, Natascha und Amelie tuscheln erregt. Fabian bedeckt sein Gesicht mit beiden Händen.*

Herr Tudor: Herr Lobred, bitte auf Ihren Platz. Ich bin noch nicht zu Ende. *Lobred setzt sich wieder hin.* Der Fall ist nun klar. Es war kein Mord, es war ein Unfall. Ich bitte darum, diese Sache nicht in die Welt zu posaunen. Die öffentliche Erklärung, es war ein Schlaganfall, soll bleiben. Das dient zur Entlastung von Frau Schmitt. Böse Mäuler werden kommen und ihr die Schuld am Tod ihres Mannes in die Schuhe schieben. Das ist so sicher wie das Amen in der Kirche. Amelie und Natascha, schafft ihr es, einmal Charakter zu beweisen und den Mund zu halten? *Beide nicken beschämt.* Und noch etwas: Ab heute, ab diesem Zeitpunkt, wird in diesem Hause keine Poesie mehr stattfinden! *Frau Tudor blickt erschrocken zu ihm auf.* Ihr seht doch selbst, wie ihr die Tatsachen in diesem Fall verdreht habt. Ihr möchtet die Welt verbessern, den Geist veredeln, aber was macht ihr? Ihr nährt Vorurteile und phantasiert euch buchstäblich Verbrechen zurecht, wo keine sind. Verliefen die Ermittlungen der Polizei wie eure Dichtertreffen und fielen die Urteile aus wie eure Meinungskämpfe, so hätten wir die Gefängnisse voller Unschuldiger, und Verbrecher liefen frei und unerkannt draußen herum. Eure Dichtkunst ist gefährlich! Sie benebelt den Geist, sie macht euch schwanger mit Einbildungen, die ihr Erkenntnisse nennt. Sie läßt euch jeden hassen, der nicht genauso fühlt und denkt wie ihr.

Frau Schmitt: Es ist so, Herr Tudor. Sobald etwas in einer Familie nicht rund läuft, stürzen sich erst Einzelne, dann immer mehr wie eine Jagdrotte auf einen. Es wird gehetzt, getratscht, unterstellt.

Herr Tudor *doziert*: Homo homini lupus – der Mensch ist dem Menschen ein Wolf.

Frau Schmitt: Auch wenn ihr schweigt, irgendwas sickert immer durch. Und dann wird bald überall bekannt werden, daß mein Mann durch mein Handeln starb. Nur weil ich zu feige war, zu meiner Krankheit und zu meiner kaputten Ehe zu stehen. Hätte ich nicht die Tabletten vertauscht …

Herr Tudor: Es trifft Sie keine Schuld, Frau Schmitt. Wir können nicht ahnen, wie sich die Umstände verketten. Immer gibt es die Möglichkeit, daß Ereignisse in beide Richtungen ausschlagen. Das liegt nicht in unserer Hand. Machen Sie das beste draus. *Schaut auf seine Uhr.*

Herr und Frau Tudor im Wohnzimmer. Herr Tudor liest Zeitung, seine Frau blättert gelangweilt in einem Buch.

Frau Tudor: Hans, war das wirklich ernst gemeint, als du sagtest, du duldest keine Poesietreffen mehr hier?

Herr Tudor *hinter der Zeitung*: Ja.

Frau Tudor: Du hast aber kein Recht, es mir zu verbieten.

Herr Tudor: Doch.

Frau Tudor: Ich bin aber eine eigenständige Person, mit einem Anteil an diesem Haus von 50 Prozent, damit habe ich ein Mitbestimmungsrecht.

Herr Tudor: Nein.

Frau Tudor: Wie, das Haus gehört nicht zur Hälfte mir?

Herr Tudor: Ich meinte, nein, keine eigenständige Person.

Frau Tudor: Wie?

Herr Tudor: Du bist fremdbestimmt.

Frau Tudor: Bin ich nicht!

Herr Tudor: Doch.

Frau Tudor: Sehe ich anders.

Herr Tudor: Du bist nicht du selbst.

Frau Tudor: Wer bin ich denn, bitteschön, dann?

Herr Tudor: Ein Kunstprodukt.

Frau Tudor: Kunstprodukt?

Herr Tudor: Du bist verformbar und gut aufzumischen.

Frau Tudor *schaut an sich herab*: Ich bin nicht verformt. Ich bin immer ich, eventuell mal überlaufend, aber das bin ganz ich.

Herr Tudor *legt die Zeitung beiseite, wendet sich seiner Frau zu*: Wenn ein Dichter, sagen wir mal, der Hölderlin, behauptet, der Himmel sei rosa, und die Vögel darin seien kleine Feen, die Sternenstaub auf uns rieseln lassen, dann dringt das in dich rein wie Wasser in einen trockenen Schwamm. Dann bist du erfüllt mit himmlischem Rosa, Sternenstaub und schwelgst in Verzückung. Dein Verstand muß weichen, leider. Das macht sich im Alltag bemerkbar. Realitätsflucht nennt man das.

Frau Tudor: Es mag sein, *überlegt* daß ich Neigungen habe, die dich irritieren. Jeder Mensch hat andere Wahrnehmungsfilter und ich behaupte, daß ich früh genug merke, wenn meine Filter verstopft sind, oder überfließen.

Herr Tudor: Und, hast du schon was gemerkt?

Frau Tudor: Zugegeben, seien es die Hormone oder die schillernden Seiten meiner Persönlichkeit, oder beides … wenn eine bestimmte Höhe erreicht ist, komme ich auch wieder runter. Das weißt du doch.

Herr Tudor: Ja, wie beim Seuchenverlauf. Langsam fängt´s an, *seufzt* dann kommt der Höhepunkt, und dann flaut es wieder ab.

Frau Tudor: Danke für den Vergleich. Aber was ich dir sagen wollte.

Herr Tudor: Ja?

Frau Tudor: Ich bin ein eigenständiger Mensch und habe selbst entschieden, keine Dichterstunden mehr zu geben. Unabhängig von dir.

Herr Tudor: So, so. Und warum?

Frau Tudor: Weil ich einsehe, daß du in manchen, aber nicht in allen Fachgebieten gute Ansichten hast.

Herr Tudor: Oh, es freut mich, daß die Seuche dem Ende zugeht.

Frau Tudor: Das Schicksal von Frau Schmitt hat mich berührt, zugegeben. Daß Menschen ihr Böses wollen, über sie reden und sie verleumden. Ich spürte einen Impuls …

Herr Tudor: Welchen Impuls?

Frau Tudor: Ja, tief in mir drin, ich sollte mich mehr für

Gerechtigkeit einsetzen. Die Poesie vermag das nicht, das habe ich gemerkt. Hier werden Egoismen bedient, hier wird geschmeichelt und gelobhudelt. Übertüncht mit einem Sfumato von Unwirklichkeit.

Herr Tudor: Sfumato?

Frau Tudor: Habe ich eben hier gelesen, *hebt das Buch hoch, liest betont* Sfumato, das bedeutet Vernebelung und kommt aus der Malerei.

Herr Tudor: Die Poesie vernebelt die Hirne, meine Rede!

Frau Tudor: Eben, so will ich zu mehr Klarheit streben.

Herr Tudor: Und was bist du nun am aushecken?

Frau Tudor: Ich gehe in die Politik!

Herr Tudor: Oh, du wirst korrupt?

Frau Tudor: Nein, anders als im Fernsehen. Ich fühle den Drang, etwas zu tun. Etwas soziales, mich für Menschen einzusetzen, die benachteiligt sind.

Herr Tudor: Eine edle Aufgabe, meine Liebe.

Frau Tudor: Freut mich, daß du das so positiv aufnimmst, Schatz.

Herr Tudor: Warten wir's ab. Nicht, daß uns eine neue Seuche heimsucht.

Frau Tudor: Sei beruhigt, ich werde aus meinen Fehlern lernen. Mit Vorbehalt natürlich.

Herr Tudor: Schön. Was hältst du davon, wenn wir darauf einen kleinen Schluck nehmen?

Frau Tudor: Gerne, Weißen oder Roten?

Herr Tudor: Weißen, süß bitte. Haben wir was zum Knabbern da?

Frau Tudor: Deine Lieblingschips. *Beide stehen auf, umarmen sich herzlich, dann machen sie sich am Schrank zu schaffen.*

Vorhang fällt.

Die Partei der Frauen

Kriminalkomödie

Dramatis personae

Lisa Tudor, *Dichterin*
Hans Tudor, *Detektiv*
Fabian, *Tudors Gehilfe*
Simon Felsenstein, *ehemaliger Klient von Hans Tudor*
Agathe Felsenstein, *Felsensteins Ehefrau*
Jonathan, *Schwiegersohn in spe der Felsensteins*
Dr. Käthe von Medikur, *Pharmareferentin*
Herr Nobel, *Chefredakteur*

Schauplätze: Wohnzimmer der Tudors. Tudors Detektei. Vereinfachend ist z. B. folgende Anordnung möglich: das Wohnzimmer der Tudors auf der Hauptbühne. Die Detektei integriert bzw. auf einer Seite als Drehelement (hier könnte man von der Beleuchtung den jeweils anderen Teil der Bühne ins Black stellen).

Wohnzimmer der Tudors. Frau Tudor steht in Ausgehkleidung vor einem Wandspiegel, frisiert sich. Herr Tudor tritt ein.

Herr Tudor: Du gehst weg?
Frau Tudor: Ja, Liebling, ich gehe zu einem Vortrag.
Herr Tudor: Aha. Und, was Interessantes?
Frau Tudor: Sonst würde ich ja nicht hingehen!
Herr Tudor: Und wie heißt der Vortrag?
Frau Tudor: Die Zukunft Europas!
Herr Tudor: Europas Zukunft?
Frau Tudor: Nein, die Zukunft Europas.
Herr Tudor: Zuerst die Zukunft, dann Europa?
Frau Tudor *genervt*: Hach, du immer mit deinen Wortspielereien.
Herr Tudor: Verzeih, aber das mit Europas Zukunft, das kommt doch jeden Tag im Fernsehen, was brauchst du da einen Vortrag?
Frau Tudor: Das ist ein Vortrag über die Zukunft Europas und was wir Bürgerinnen und Bürger vor Ort tun können, um diese Zukunft für uns alle angenehm zu gestalten. Es geht um Interessen, Weltgerechtigkeit, um eine kosmopolitische Vision! Wir müssen unsere europäische Identität finden, wir müssen wieder Vertrauen in die Zukunft erwecken.
Herr Tudor: Du hörst dich an wie der Bundespräsident.
Frau Tudor: Bundespräsiden**tin**! Männer sind ihrer herrischen Natur gemäß nicht geeignet für solche Ämter, sie zetteln ja doch nur wieder Streit und Kriege an. Wir Frauen müssen an die Macht, uns ist das nötige Fingerspitzengefühl in die Wiege gelegt worden. Wir, die wir unter Schmerzen Kinder gebären und mühevoll aufziehen, wir wissen, was Mitgefühl und Mitleid ist.

Herr Tudor: Du hast aber nie Kinder geboren und aufgezogen?

Frau Tudor: Das spielt keine Rolle. Unsere große Mutter Natur hat jede Frau per se, ob Kinder oder nicht, mit allem ausgestattet, was die Gattung Mensch zum Überleben braucht: mit dem Instinkt, Leben zu schützen und zu pflegen. Das setzt emotionale Kraft und soziale Kompetenz voraus. Alles naturgegebene Werkzeuge, die uns Frauen dazu **prädistieren**, Weltfrieden und Harmonie zu schaffen!

Herr Tudor: Ah so, Kuschelpolitik. Da sind wohl nur Frauen bei dem Vortrag?

Frau Tudor: Nein, auch Männer, die sollen lernen, wie wichtig es ist, Politik mit dem reinsten Herzen zu betreiben.

Herr Tudor: Wer ist denn der Veranstalter?

Frau Tudor: Eine neue Partei, die nennt sich FADM.

Herr Tudor *gedehnt*: F A D M? *Überlegt, fängt an, lauthals zu lachen* Frauen An Die Macht? Ist doch nicht dein Ernst? Und du bist Mitglied?

Frau Tudor: Hör auf! Das ist nicht lustig! *Zieht den Mantel an, greift nach der Handtasche.*

Herr Tudor: Verzeih, darf ich noch eine letzte Frage stellen?

Frau Tudor: Wenn's sein muß.

Herr Tudor: Wer hält den Vortrag?

Frau Tudor: Frau Doktorin Käthe von Medikur.

Herr Tudor *süffisant lächelnd*: Ach ja, von der habe ich schon gehört, eine richtige Macho-Frau. Was ist die nochmal von Beruf?

Frau Tudor: Sie ist in der Gesundheit tätig, in der Pharmazie. Und Betriebswirtschafterin ist sie auch.

Herr Tudor: So, so. Interessant. Allerletzte Frage: Es gibt heute kein Mittagessen?

Frau Tudor: Dein Essen steht im Kochbuch, auf Seite 22! M*acht die Tür auf, fegt hinaus und knallt die Tür laut zu.*

Herr Tudor *zerknirscht zum Publikum*: Da soll einer meine Lisa verstehen. Lange ging's nun gut, und dann, auf einmal, kommt so ein Impuls von außen, dann kriegt sie wieder den Rappel. Wird dann zur Weltverbesserungsfurie. Politik! Aber ich weiß ja, das ist nur eine Phase. Paßt auf, am Ende des Stückes wird sie wieder reumütig in meinen Armen liegen und froh sein, am gemütlichen Herd ihrem Mann sein Lieblingsessen zu kochen. Bis jetzt war das immer so. *Reibt sich die Hände, grinst selbstgefällig.*

Tudors Büro. Herr Tudor sitzt an seinem Schreibtisch und löst Kreuzworträtsel.

Herr Tudor *liest vor*: Hauptstadt von Norwegen mit vier Buchstaben? Oslo! Englische Frauenrechtlerin? Hm, elf Buchstaben, in der Mitte zwei F, oh, das kann nur eine Suffragette sein, paßt! Schmarotzerpilz? Sieben Buchstaben, vorne M und hinten A? Monilla! Hm, klingt als Frauenname recht hübsch. Pesterreger, oh, jetzt wird's schwierig … acht Buchstaben, am Anfang ein Ypsilon, ah, das wird einfach sein. S*pringt auf, geht zum Regal, schaut im Lexikon nach, setzt sich hin, blättert.* Pest, Pesterreger, hier steht es: Yersinia. Paßt! Yersinia, auch ein hübscher Frauenname. Hm, seltsam dieses Kreuzworträtsel heute, mal sehen, was noch kommt. Anderer Namen für Pariser Bluthochzeit? 18 Buchstaben. *Schaut verdutzt auf.* Moment mal, das war doch die Bartholomäusnacht? Stimmt, paßt genau. *Schlägt wieder das Lexikon auf.* Oha! *Liest laut vor:* „Die Bartholomäusnacht, auch Pariser Bluthochzeit genannt, bezeichnet die Nacht zum 24. August 1572, in der Admiral Gaspard de Coligny und weitere Führer der Hugenotten zusammen mit Tausenden von Glaubensgenossen auf Befehl **Katharinas von Medici** ermordet wurden. Sie waren anläßlich der Hochzeit des protestantischen Heinrich von Navarra mit Margarete von Valois in Paris versammelt." Katharina von Medici? Käthe von Medikur? Na das kann ja heiter werden. Von wegen, Frauen sind friedliebend! Tausende Hugenotten eiskalt ermordet, diese Frau, es ist nicht zu fassen! Laßt mir die Lisa mal nach Hause kommen! *Telefon rappelt, Tudor nimmt ab.*

Detektei Hans Tudor, guten Tag. Bitte? Jetzt gleich? Aber ich stecke grade in einer wichtigen Besprechung. Notfall? Okay, in einer Viertelstunde? Ist gut. Bis gleich. *Legt auf und steckt das Kreuzworträtsel in die Schublade. Ruft dann laut:* Fabian! *Fabian tritt ein.*

Fabian: Chef?

Herr Tudor: Fabian, es wird gleich läuten, ein Klient hat sich kurzfristig angesagt. Bringst du ihn bitte herein?

Fabian: Wird mal wieder Zeit, ist ja momentan nichts los hier.

Herr Tudor: Die Kriminalität hat in unserer Gegend abgenommen. Schlecht fürs Geschäft, leider.

Fabian *grinst*: Ich könnte ja ein wenig nachhelfen, was, Chef?

Herr Tudor: Dazu fehlt dir kriminelle Energie, lieber Junge, und die Raffinesse, die Verschlagenheit.

Fabian: Na, da seien Sie sich mal nicht so sicher! Jeder Mensch hat das Potential in sich, kriminell zu sein. Das haben Hirnforscher längst schon erkannt. Es müssen nur die richtigen Umstände her. *Es läutet.* Aha, da ist unser Klient *läuft hinaus, um die Tür zu öffnen. Gespräch im Vorraum, dann tritt der Klient ein.*

Herr Felsenstein: Guten Tag, mein Name ist Felsenstein. Herr Tudor, bitte verzeihen Sie die Störung, aber es ist wichtig.

Herr Tudor: Keine Ursache. Felsenstein? Wir kennen uns doch?

Herr Felsenstein *betrübt*: Ja ja … Vor zwei Jahren, als meine Tochter verschwand, hatte ich Sie konsultiert. Sie wissen, mein Glaubenseifer damals, ich hatte wohl ein wenig übertrieben.

Herr Tudor: Ich erinnere mich. Sie sind noch mit Ihrer Frau zusammen? Immer noch im Bibelkreis?

Herr Felsenstein: Wir haben uns zusammengerauft. Aus dem Bibelkreis sind wir raus, da gelten wir als Abtrünnige, da ich ja, wie Sie wissen, meine Frau als Partner, als gleichberechtigt akzeptieren mußte, entgegen der biblischen Lehre. Aber wir sind nun glücklich, das hätte ich nie gedacht.

Herr Tudor: Und was führt Sie heute zu mir?

Herr Felsenstein: Tja, wo soll ich anfangen? Meine Frau ist mittlerweile sehr engagiert in etlichen Vereinen. Und seit einigen Monaten ist sie Bewerberin für ein hohes Amt in einer recht neuen Partei, die sich für Frauen im Gesundheitswesen einsetzt. Ich selbst halte nichts von Parteienwirtschaft, wenn Sie verstehen, was ich meine, alles nur Klüngelkram und Idealistengeschwätz. Meine Frau durchschaut das leider nicht. Sie macht ihre Arbeit wirklich gut, ist auch, oder war, sehr beliebt. Es gibt für dieses Amt aber noch eine andere Bewerberin, sie wohnt in der fernen Nachbarschaft. Und seit sich meine Frau ebenfalls beworben hat, geschehen seltsame Dinge.

Herr Tudor: Für die sie diese andere Bewerberin verantwortlich machen.

Herr Felsenstein: Sehr richtig, für diese seltsamen Dinge mache ich dieses Frauenzimmer verantwortlich. Sie können sich nicht vorstellen, wie grausam die Waffen einer Frau zuweilen sind!

Herr Tudor: Ich bin voll im Bilde, Herr Felsenstein. Und was sind das genau für seltsame Dinge?

Herr Felsenstein: Vor zwei Wochen erschien in der Volkszeitung dieser Artikel über meine Frau.

Herr Tudor: Zeigen Sie her. *Liest den Zeitungsausschnitt, den Felsenstein ihm reicht.* Nicht sehr schmeichelhaft.

Herr Felsenstein: Dieser Artikel strotzt nur so von Diffamierungen und Verleumdungen!

Herr Tudor: Aber man darf doch anderer Meinung sein. Was ist daran ehrenrührig? *Legt den Artikel hin.*

Herr Felsenstein: Meine Frau ist rückständig, sie stellt sich gegen die moderne Forschung, sie verunglimpft die Gentechnik, verhindert medizinischen Fortschritt, sie setzt Arbeitsplätze aufs Spiel, Sie verstehen, diese Schiene, man kennt das.

Herr Tudor: Und das trifft nicht zu?

Herr Felsenstein: Alternativen müssen doch noch erlaubt sein. Meine Frau möchte nichts zerstören, sie möchte nur einiges grundlegend ändern. Damit kommt sie natürlich dem einen oder anderen ungelegen.

Herr Tudor: Verstehe. Haben Sie bei der Zeitung angerufen?

Herr Felsenstein: Ich rief die Redaktion an. Ich verlangte den Chefredakteur. Der ist verhältnismäßig neu.

Herr Tudor: Ein Herr Nobel. Was sagte er?

Herr Felsenstein: Er sagte, sie hätten die Informationen aus seriöser Quelle, die aber anonym bleiben möchte. Nichts zu machen. Es ist grauenvoll.

Herr Tudor: Das nennt man Pressefreiheit.

Herr Felsenstein: Ja, und eine halbe Woche nach dem Artikel waren die Reifen meines Autos platt, zerstochen. Ich habe das zur Anzeige gebracht, ohne Resultat. Und heute, eben kam ich von der Arbeit, lag ein toter Rabe auf der Matte vor der Haustür, da hing ein Zettel dran, auf dem stand: Nimmermehr, mit großem Ausrufezeichen. Ich sprach mit meiner Frau, und sie meinte, daß wir sofort Ihre Hilfe bräuchten, ohne Aufschub.

Herr Tudor: Und Sie verdächtigen diese Mitbewerberin Ihrer Frau?

Herr Felsenstein: Wer sonst? Wir hatten immer einen guten Leumund. Niemand wollte uns was. Erst seit diesem Artikel ändert sich das.

Herr Tudor: Aber Sie waren in diesem radikalen religiösen Verein.

Herr Felsenstein: Leider. Und das ist der Hammer. Die seriöse Quelle, auf die sich dieser Nobel beruft, will von einer Mitgliedschaft in einer religiösen Geheimsekte wissen. *Nimmt den Artikel nochmals zur Hand*. Schauen Sie, da steht es. *Liest* „Es wird gemutmaßt, daß die vorgestrigen Ansichten dieser selbsternannten Politikerin des rechten Weges aus ihrer Mitgliedschaft in einer zweifelhaften religiösen Gemeinschaft erklärlich werden.“ *Knallt den Ausschnitt auf den Tisch*. Ein Skandal. Meine Frau war ein paarmal mit, mea culpa, genötigt von mir. Ich habe meinen Irrtum eingesehen, und seitdem haben weder meine Frau noch ich uns je wieder dort sehen lassen.

Herr Tudor: Was wünschen Sie jetzt? Ich soll Ihr Haus beschatten?

Herr Felsenstein: Zum Beispiel, aber auch die Mitbewerberin meiner Frau sollte beobachtet werden. Sie heißt Käthe von Medikur.

Herr Tudor: Ach nein, hihi.

Herr Felsenstein: Was gibt's da zu kichern?

Herr Tudor *schaut auf seine Uhr*: Meine Frau hört sich just in diesem Moment einen Vortrag von dieser Käthe von Medikur an, im Bürgerhaus.

Herr Felsenstein: Dann kennen sich womöglich unsere Frauen?

Herr Tudor: Mag sein. Wenn sie sich an den Namen erinnert. An Sie selber erinnert sie sich sehr wohl, wie Sie noch wissen werden, Herr Felsenstein, sie hat sie damals empfangen und gleich in ein hübsches Streitgespräch verwickelt.

Herr Felsenstein: Ich weiß. Die Gemeinschaft, der ich damals angehörte, hat ein antiquiertes Frauenbild.

Herr Tudor: Antiquiert ist gut. Empört hat meine Gute reagiert, sie beinahe rausgeschmissen. Aber mit Namen hat sie ein Problem, so zerstreut wie sie manchmal ist, daher weiß ich nicht, ob sie sich an unseren damaligen Fall erinnert. Aber andere Frage: was wissen Sie über die Medikur? Sie ist hochstudierte Akademikerin, Doktorin, wie meine Lisa meint?

Herr Felsenstein: Weil fast jeder sie so nennt? Sie hat ein Betriebswirtschaftsstudium nach dem zweiten Semester abgebrochen und arbeitet seitdem als Referentin in der Pharmaindustrie.

Herr Tudor: So, Pharmareferentin.

Herr Felsenstein: Das ist mein Kenntnisstand.

Herr Tudor: Ich denke, wir machen nun folgendes. Ich und mein Gehilfe Fabian werden die Beschattungen durchführen. Sie geben sich bedeckt, zeigen keinerlei Reaktion und verhalten sich unauffällig. Wir bleiben in Kontakt.

Herr Felsenstein: Vielen Dank, Herr Tudor. Das ist sehr beruhigend. *Zückt sein Scheckbuch.* Hier, ein Vorschuß.

Herr Tudor *steckt hocherfreut den Scheck ein*: Vielen Dank, ich tu mein bestes! *Beide stehen auf, schütteln sich die Hände, Tudor begleitet Felsenstein hinaus und zieht Fabian, der hinter der Tür steht, ins Büro. Beide setzen sich.* Ich nehme an, du hast gelauscht?

Fabian: Die Ohren gespitzt, so wie es sich für einen angehenden Meisterdetektiv gehört.

Herr Tudor: Meisterdetektiv, so, so. Wir werden uns die Aufgabe teilen, ich überwache diese Käthe von Medikur und du suchst dir einen sicheren Platz in Blickweite des Hauses der Felsensteins. Ich hoffe, du hast die nächsten Tage nichts vor?

Fabian: Wird alles abgesagt.

Herr Tudor: Hast du eine Ahnung, was das mit dem Raben und dem Zettel bedeuten könnte?

Fabian: Nimmermehr? Mir schwant da was, ein Gedicht, ein Po-em, so was. Ich komm noch drauf.

Herr Tudor: Mach Schluß für heute. Morgen früh um neun stehst du bitte auf der Matte zum Rapport.

Fabian: Okay, Chef, bis morgen. *Ab.*

Wohnzimmer der Tudors. Herr Tudor sitzt auf dem Sofa, vor ihm ein leerer Teller und Besteck. Es läutet, ein Pizzaservice bringt das Essen. Tudor bezahlt, packt die Pizza aus und fängt an, genüßlich zu essen.

Herr Tudor *kauend:* Mmhh! Von mir aus kann Lisa jeden Tag irgendwelche Vorträge hören. Immer diese Kartoffeln, dieses Gemüse, Vollwertkost, immer gesund! Da wird man ja seelisch krank von. *Frau Tudor kommt zurück.*

Frau Tudor *legt ab*: Pizza, das dacht ich mir. Du wirst immer dicker, kein Wunder.

Herr Tudor *legt sein Besteck hin*: Wie war denn der Vortrag von der *betont und langgezogen* Frau Doktorin von Medikurin?

Frau Tudor: Großartig, einfach großartig! Ich bin noch ganz hingerissen. Diese Scharfsichtigkeit, diese Eloquenz, diese unnachahmbare, elegante, brillante …

Herr Tudor: Hör auf! Auch die tollsten Superlative können keinen Schmetterling aus einer Motte zaubern!

Frau Tudor: Motte? Weißt du überhaupt, wer das ist? Das ist eine hochstudierte Akademikerin, eine begnadete Politikerin. Sie hat Beziehungen zu allen bedeutenden Gremien, sie macht sogar Lobby.

Herr Tudor *grinst*: Sie macht Lobby?

Frau Tudor *etwas verwirrt*: Ja, sie hat gesagt, daß eine Partei eine Interessenvertretung wäre, die über eine zukunftsfähige Gesellschaftspolitik bestimme. Darum wäre Lobby wichtig, weil Europa Interessen braucht, es hätte nämlich keine und würde daran scheitern. Wir müssen die Öffentlichkeit informieren und unsere Interessen **exikutive** durchsetzen. Sie braucht Leute, die sie ins Amt wählen, damit wäre dann die Zukunft Europas ein Stück sicherer. Also, meine Stimme hat sie.

Herr Tudor: Gibt es noch andere Bewerber um dieses Amt?

Frau Tudor: Eine Frau, ich glaub, ich kenne die nicht persönlich, aber irgendwoher kommt sie mir bekannt vor. Frau Felsendings heißt die, na ja, ist nicht wichtig. Eine nichtssagende Frau, keine Ausbildung, einfachgestrickte Hausfrau, die Karriere machen will. Ist doch klar, daß die neben so einer Fachfrau keine Chance hat.

Herr Tudor: Und woher weißt du das alles, wenn du sie nicht persönlich kennst?

Frau Tudor: Andere kennen sie, die müssen das wissen.

Herr Tudor: Ich dachte, ihr Frauen haltet zusammen? Wo ist dein Mitgefühl mit ihr?

Frau Tudor: Wir halten auch zusammen. Aber es gibt Frauen, die sind falsch sozialisiert worden, ein strenger Vater, ein tyrannischer Ehemann. Da kann so was dabei herauskommen. Wenn diese Frau sich sozial gesunden Frauen erst einmal unterordnet und sich von diesen führen läßt, wird ihre eigene Heilung beginnen.

Herr Tudor: Ich merke, das sind hohe Dinge. Aber, apropos Bildung, du hast doch auch nur Hauptschulabschluß und keinerlei Ausbildung?

Frau Tudor: Du weißt genau, daß ich freischaffende Künstlerin bin! Eine weltoffene, geistig gesunde, gebildete und belesene Frau! Du kannst mich doch nicht mit ihr vergleichen!

Herr Tudor: Wenn du so gebildet bist, dann kennst du bestimmt auch Katharina von Medici?

Frau Tudor *doziert stolz*: Sie gehörte zu der florentischen Familie der Medici. Sie wuchs elternlos in Florenz und Rom auf und wurde mit 14 Jahren zwangsverheiratet mit Heinrich, dem zweiten. Ihr Mann liebte lebenslang eine Kurtisane. Als er starb, stand sie alleine da, die Religionsparteien im Lande waren hoffnungslos zerstritten, Katharinas intensive Bemühungen um Frieden scheiterten. Sie hatte einen schwierigen Stand.

Herr Tudor: Allerdings, wenn man bedenkt, daß sie Tausende Hugenotten hinrichten ließ. Drei Tage und drei Nächte dauerte das Gemetzel!

Frau Tudor: Aber sie konnte doch gar nichts dafür, die Umstände …

Herr Tudor: Hör auf, das ist keine Rechtfertigung. Aus Religionsstreitereien hält man sich heraus.

Frau Tudor: Wir waren nicht dabei, also können wir auch nicht urteilen.

Herr Tudor: Du siehst, wozu auch ihr angeblich friedliebenden Frauen fähig seid. Übrigens muß ich gleich weg, ein neuer Auftrag, es kann spät werden.

Frau Tudor *entzückt*: Neuer Auftrag? Rentabel? *Tudor nickt vielversprechend.* Da wird einem gleich warm ums Herz! *Tudor, schmunzelnd, drückt sie kurz und geht.*

Zwei Wochen später. Frau Tudor sitzt im Wohnzimmer und strickt, sie hört einen Vortrag von Käthe von Medikur im Radio.

Stimme aus dem Radio: … Die Zukunft der Weltbevölkerung hängt wesentlich ab von den Fortschritten der Wissenschaft. Durchbrüche in der Gentechnik, der Pharmakologie und der evidenzbasierten Medizin sichern das Leben ganzer Bevölkerungsgruppen in den zivilisierten Ländern. Durch breitflächige Impfprogramme und Anwendung pharmazeutischer Produkte werden die schwersten Krankheiten bald der Vergangenheit angehören. Damit wir das erreichen, müssen wir dafür sorgen, daß die Forschungen verstärkt vorangetrieben werden und weiterhin …

Es klingelt an der Tür. Lisa stellt das Radio ab. Es erscheint Käthe von Medikur, aufgedonnert, affektiert.

Frau Tudor *steht auf und öffnet*: Oh, Frau von Medikur! Bitte treten Sie ein, das ist aber eine Ehre, daß Sie mich besuchen, ich hörte grade im Radio Ihren hervorragenden …

Frau von Medikur *forsch*: Guten Tag, Frau Tudor, ich möchte zu Ihrem Mann, ist er zuhause?

Frau Tudor *enttäuscht*: Aber? Wie? Zu meinem Mann? Äh, der ist grade zur Post, wird aber in wenigen Minuten zurück sein. Bitte nehmen Sie doch Platz. Möchten Sie einen Kaffee oder Tee?

Frau von Medikur *setzt sich hin, schaut sich gründlich um*: Nein danke, nichts. Hat ihr Mann heute keine Termine?

Frau Tudor *stottert*: Doch, wieso, warum?

Frau von Medikur: Geht sein Geschäft gut?

Frau Tudor: Natürlich, warum wollen Sie das wissen?

Frau von Medikur: Er wurde mir empfohlen. Ich hätte eventuell einen Auftrag für ihn. Da möchte ich schon gewiß sein, daß er kompetent und gefragt ist. *Kleine Pause, schaut sich nochmals gründlich um.* Sie leben ja recht bescheiden, das Geschäft scheint ja nicht viel abzuwerfen? *Mustert auch Frau Tudor von oben bis unten.*

Frau Tudor *pikiert*: Sie leiten Qualität von Äußerlichkeiten ab?

Frau von Medikur: Natürlich! Erfolg zeigt sich notwendigerweise in Äußerlichkeiten. Oder haben Sie jemals Politiker erlebt, die billige Anzüge tragen oder kleine Autos fahren? Oder in einer schäbigen Mietwohnung mit alten Möbeln hausen? Jeder, der etwas auf sich und seinen Erfolg hält, präsentiert das nach außen. Wie soll der Ottonormalverbraucher sonst unterscheiden können zwischen Qualität und Schund?

Frau Tudor *kleinlaut, aber schon etwas erregt*: Nein, eher nicht, ich meine, ja, aber …

Frau von Medikur: Sehen Sie. Die Einrichtung, Kleidung, der Lebensstil, das Renommee eines Menschen sprechen eine klare Sprache, entweder man ist erfolgreich oder nicht. Das muß sichtbar und transparent sein. Wie die Politik.

Frau Tudor *verärgert*: Aber … das ist, das kann man so nicht sehen, verehrte Frau von Medikur! Mit Verlaub …

Frau von Medikur: Sie widersprechen mir?

Frau Tudor: Können Sie sich vorstellen, daß sich aufgrund dieser Irrlehre viele Leute verschulden?

Frau von Medikur: Irrlehre? Anscheinend haben Sie keine Ahnung von den komplizierten Strukturen des Erfolges. Sie wissen doch genausogut wie ich, daß man nur dann Schulden machen kann, wenn man es sich auch leisten kann. Jeder, der Schulden macht, muß ein Unterpfand, eine Versicherung, einen festen Arbeitsvertrag vorweisen, sonst bekommt er keinen Cent. Nur der kann viele Schulden machen, der schon viel besitzt. Das sehen Sie an unserem Land.

Frau Tudor: Und wenn jemand die Arbeit verliert, wenn jemand keine Aufträge mehr hat, in Not kommt, unverschuldet? Was dann?

Frau von Medikur: Dann hat er den Erfolgsweg verlassen und sollte sich bemühen, schleunigst wieder auf diesen Weg zurückzukommen. Das ist möglich. Wo ein Wille, da ein Weg. Deshalb machen wir Politik. Wir wollen die Menschen zukunftsträchtig machen, stark machen, wir wollen eine Gesellschaft, in der jeder Erfolg hat, jeder Arbeit, besonders und endlich wir Frauen! Also, reden Sie bitte nicht von einer Irrlehre!

Frau Tudor *sichtlich verärgert*: Und doch ist es eine Irrlehre! Die Praxis sieht nämlich ganz anders aus. *Herr Tudor kommt leise zur Tür herein, von beiden nicht beachtet.* Der einzelne Bürger …

Frau von Medikur: Also, Frau Tudor. Bitte überlassen Sie mir als Expertin die Beurteilung einer solchen Sachlage. Sie als Hausfrau können da nicht mit mir auf Augenhöhe diskutieren.

Frau Tudor *schnappt nach Luft*: Ich bin renommierte Künstlerin! Wie können Sie sich erlauben …

Herr Tudor *beschwingt*: Guten Tag, sie müssen die Frau von Medikur sein, das ist aber nett, daß Sie bei uns vorbeischauen. Gibt es ein Anliegen? Lisa, wärst du so nett, uns einen Kaffee zu machen? *Schaut sie beschwichtigend mit einem Augenzwinkern an, schiebt sie Richtung Küche.*

Frau Tudor: Aber, sie will doch keinen. W*irft der Politikerin einen verächtlichen Blick zu.*

Herr Tudor: Bitte, Lisa. *Frau Tudor verläßt schmollend den Raum.* Nun, Frau **Doktor** von Medikur, Sie wollen zu mir? *Setzt sich in den Sessel.*

Frau von Medikur: Sie haben es erfaßt. Ich gehe auch direkt in medias res.

Herr Tudor *schmunzelnd*: Ganz wohin Sie wollen. Apropos, Sie haben promoviert? Das große Latinum gemacht, was?

Frau von Medikur: Das spielt jetzt keine Rolle. Ich werde belästigt, darum brauche ich Ihre Hilfe. Seit einiger Zeit bewerbe ich mich um ein hohes Amt in unserer Partei. Ihre Frau ist schon Mitglied, ich setze voraus, daß Sie sich ebenfalls mit dem Gedanken an eine Mitgliedschaft tragen.

Herr Tudor: Das habe ich bisher noch nicht erwogen. Aber wir werden sehen. Was ist vorgefallen, Frau von Medikur?

Frau von Medikur: Vor fünf Tagen fing es an. Auf der Fußmatte lag morgens so ein Stofftier, ein Rabe mit einem Zettel im Schnabel. Dort stand drauf: Nimmermehr! Ich dachte, das ist irgendein Scherz und habe es ignoriert. Zwei Tage später lag ein großer Hundehaufen auf ebendieser Matte. Kann ja passieren. Dann, gestern morgen, hat jemand an die Scheibe meines Küchenfensters ganz groß, mit Lippenstift, geschrieben: Nimmermehr!

Herr Tudor: Mit Lippenstift? Interessant. Sie haben einen Verdacht?

Frau von Medikur: Das kann nur meine Mitbewerberin um das Amt sein, eine Frau Felsenstein. Sie wohnt in der ferneren Nachbarschaft. Sie hat mir unterstellt, ich hätte die Reifen ihres Autos zerstochen und einen toten Raben auf ihre Fußmatte gelegt! Und nun finde ich selbst einen Raben aus Plüsch vor der Haustür. Dieses Kleinhirn von Frau unterstellt mir tatsächlich, daß ich nachts herumschleiche, um ihr zu schaden. Und nun will sie es mir mit gleicher Münze heimzahlen.

Herr Tudor: Mir ist die Frau bekannt. Sie sieht nicht so aus, als ob sie zu so was fähig wäre, oder täusche ich mich?

Frau von Medikur: Sie sieht nicht so aus? Herr Tudor, Sie können doch nicht von Äußerlichkeiten auf das Innere einer Person schließen. Diese Frau ist hochintrigant, sie tut nur so still und zurückhaltend, die hat es faustdick hinter den Ohren. Alles Masche. Ich würde Sie bitten, mein Haus zu beschatten, ich fühle mich bedroht. Eine Woche würde reichen. Die Polizei möchte ich raushalten.

Herr Tudor: Wann findet die Kür der Kandidatinnen statt?

Frau von Medikur: In einem Monat. Der Fall muß unbedingt vorher vom Tische sein. Die Nachbarn reden schon, und bald wird die Presse auf der Matte liegen, äh, stehen. Und keine Polizei! Verstanden?

Herr Tudor: Ich gehe davon aus, daß die Presse von dieser bösartigen Kampagne bald berichtet. Sie wird dies je nach Ausrichtung mit der üblichen Häme tun oder umgekehrt Sie gebührend als ein Opfer herausstellen. Am besten wäre natürlich, es hätte diese Konkurrentin nie gegeben.

Frau von Medikur: Konkurrentin nennen Sie das? Gegen die moderne Forschung, gegen unsere Gentechnik, gegen Arbeitsplätze!

Herr Tudor: Nun ja, damit ist ihr eine gewisse Anhängerschaft heutzutage sicher. Ich würde das nicht unterschätzen, Frau Medikur.

Frau von Medikur: Wir werden sie schon ausbooten, keine Angst.

Herr Tudor: Wir?

Frau von Medikur: Ich mit Ihrer Hilfe. Ich verlasse mich auf Sie! *Steht auf, macht Anstalten zu gehen.*

Herr Tudor: Ich boote niemanden aus, ich mache meinen Job. Wie beabsichtigen Sie zu zahlen?

Frau von Medikur: Schicken Sie mir eine Rechnung. Geld spielt keine Rolle. *Ironisch* Und danke für den Kaffee!

Herr Tudor: Kein Problem. *Steht ebenfalls auf und begleitet Frau Medikur zur Tür.* Auf Wiedersehen. *Frau Tudor kommt aus der Küche.* Liebling, hast du den Kaffee vergessen?

Frau Tudor: Die wollte keinen, also kriegt sie keinen!

Herr Tudor: Gestern hast du sie noch hoch bejubelt.

Frau Tudor: Sie hat mir aber heute gezeigt, welch Geistes Kind sie ist. Ich habe mich täuschen lassen von Äußerlichkeiten, von Phrasen, Versprechungen, von ihrem akademischen Gehabe. Diese Frau hat doch in Wirklichkeit nur ein aufgeblasenes Spatzenhirn.

Herr Tudor: Bitte keine tierfeindlichen Äußerungen.

Frau Tudor: Ist doch wahr. *Tudor nimmt sie tröstend in den Arm.* Wie habe ich mich so täuschen können. *Schluchzt in sein Hemd.*

Herr Tudor: Wenn es dich tröstet, wir haben einen neuen Auftrag, einen ganz dicken … *Lisa schaut ihn strahlend an, küßt ihn.*

Frau Tudor: Schick ihr eine saftige Rechnung! *Zieht die Stirn in Falten.* Aber was wollte sie denn ?

Herr Tudor: Das ist ein Staatsgeheimnis.

- II,2 -

Fabian und Tudor im Büro. Sie schauen sich Fotos an.

Herr Tudor: Nun sind über zwei Wochen vergangen. Ich habe die Frau von Medikur die ganze Zeit beschattet. Einmal habe ich nachts jemanden beobachtet, ein Mann, als junge Frau verkleidet, lange blonde Haare, wohl Perücke, aber gewiß ein Mann. Aber irgendwie war er irritiert, lief bald wieder weg, ohne was getan zu haben. Hier die Fotos *zeigt sie Fabian.* Sieh nur die schlaksige Gestalt, das unsichere Benehmen. Und schau, wie verstört er um sich schaut. Ein Amateur.

Fabian: Sind Sie sicher, daß es ein Mann ist? Unterschätzen Sie die Frauen nicht.

Herr Tudor: Eindeutig ein junger Mann. Das sagt mir mein Bauch.

Fabian: Seit wann denken Sie mit dem Bauch?

Herr Tudor: Man nennt das Intuition. Aus der Erfahrung wächst eine Schlußfolgerung, die erst das Gefühl, dann den Verstand erreicht. Übrigens war ich damals der Beste im Kurs für Verhaltensforschung. Da lernen angehende Detektive, verkleidete Menschen rein an ihrer Gangart, an der Stimme oder der Gestik zu identifizieren. Die beiden Geschlechter unterscheiden sich eindeutig darin.

Fabian: Aber so zuverlässig kann die Methode nicht sein. Ich könnte wetten, es ist eine junge Frau. Das sagt mir **mein** Bauch.

Herr Tudor *lächelnd*: Ich habe aber nicht nur das Haus überwacht, sondern auch die täglichen Aktivitäten der Frau von Medikur. Schau mal hier. *Zeigt eine Fotoserie.* Hier trifft sie den Gesundheitsminister, mit dem scheint sie ganz eng. Dann hier, das ist der bekannte Apotheker Flatus, und hier, die Herren Professoren Rennie und Monetus. Sie wollen unser altes Krankenhaus zu einer mondänen Privatklinik umfunktionieren. Am Wochenende glänzte sie auf dem großen Ball ihrer Firma, der Firma Heilnix, aufgedonnert und in voller Gala.

Fabian: Sie ist doch Pharmareferentin, was ist daran merkwürdig?

Herr Tudor: Sie hat Kontakte, als würde sie zur absoluten Elite gehören. Sie betreibt von morgens bis abends Lobbyarbeit und strebt die höchsten Posten in der Branche an.

Fabian: Für ein Schweinegeld. Dazu das Nebeneinkommen als Politikerin, falls sie denn gewinnt. Das pompöse Haus, die Villa, in der sie wohnt, kann man sich als gewöhnliche Referentin niemals leisten.

Herr Tudor: Du hast ihr Haus gesehen?

Fabian: Ja klar, natürlich, als ich bei Felsensteins war, ich war neugierig und fuhr einfach mal daran vorbei.

Herr Tudor: Ach so. Wie war's bei dir, keinerlei Vorfälle?

Fabian: Nein, nichts, niemand ließ sich blicken.

Herr Tudor: Herr Felsenstein hat bestätigt, daß die ganze Zeit Ruhe war. So, als wüßte der Täter, daß das Haus überwacht wird. Vielleicht hat er dich gesehen?

Fabian: Eher unwahrscheinlich, mein Fahrrad steht weit entfernt, ich pirsche mich ran und verstecke mich dann zwischen den großen Ligusterhecken am Zaun. Da würde mich auch tags niemand bemerken.

Herr Tudor: Gut, also, Frau von Medikur und Frau Felsenstein verdächtigen sich gegenseitig, sind jedoch beide unschuldig. Zwei männliche Täter stehen in Verdacht.

Fabian: Beides Männer, sicher?

Herr Tudor: Genau, zwei verschiedene männliche Gestalten treiben ihr Unwesen, unabhängig voneinander. Der erste ist der echte Täter, der zweite ist seine Kopie.

Fabian: Das glaube ich nicht, die kennen sich, das sind bestimmt gute Kumpels, die sich einen Spaß mit diesen Politikdrosseln erlauben. Oder eher ein Pärchen, so wie Bonnie und Clyde.

Herr Tudor: Schau mal genauer hin, Fabian. Der erste Täter, der die Felsensteins belästigt, sorgt für einen höchst verleumderischen Zeitungsartikel. Dann zersticht er etwas später die Autoreifen. Der tote Rabe auf der Fußmatte, ich habe ihn inspiziert, wurde mit einem Luftgewehr erschossen. Das zeugt von kriminellem Potential.

Fabian: Aber der zweite Täter ist auch nicht ohne, glauben Sie mir!

Herr Tudor: Der zweite, für uns eher unbedeutende Täter tritt erst spät in Aktion. Fünf Tage, nachdem der tote Rabe bei Felsensteins hingelegt wurde, findet die Medikur einen Plüschraben auf ihrer Matte. Einen Plüschraben! Kurz darauf findet sie einen Hundehaufen ebendort, und danach schreibt ihr jemand das Wort Nimmermehr mit Lippenstift ans Küchenfenster. Dann taucht er nochmal auf, jedoch ohne diesmal etwas zu unternehmen.

Fabian: Dieser Jemand zeigt aber ebenfalls kriminelle Energie, gemildert durch einen Hang zur Schadensbegrenzung und durch Tierliebe. Das heißt nicht, daß er harmlos wäre.

Herr Tudor: Bleiben wir beim ersten Täter, unserem Hauptverdächtigen. Wer könnte das sein, welches Motiv hat er? Und was bedeutet das Wort Nimmermehr? Hast du es rausbekommen?

Fabian *freudig*: Klar, Chef. Es stammt aus dem Gedicht „Der Rabe“ von Edgar Allan Poe. Dieser Rabe sprach immer nur ein Wort: Nimmermehr!

Herr Tudor: Wovon handelt das Gedicht?

Fabian: Es geht um eine verlorene Liebe. Egal, was der Erzähler fragt und hofft, der Rabe sagt stets Nimmermehr. Es ist ein dunkles und mystisches Poe-em.

Herr Tudor: Das Nimmermehr soll wohl in beiden Fällen suggerieren, daß beide Bewerberinnen um das hohe politische Amt keine Chance haben.

Fabian: Es sieht vordergründig so aus, ja.

Herr Tudor *nachdenklich*: Das befriedigt nicht, es sei denn, ein dritter will beide weghaben, um selbst das Amt zu besetzen. Ich habe mich mal in der Partei umgesehen. Da ist sonst niemand, der ein Interesse daran hätte, aufgestellt zu werden.

Fabian: Was ist das überhaupt für ein Amt?

Herr Tudor: Es geht darum, wer im Wahlkreis der Kandidat für die Bundestagswahl wird. Unsere beiden Frauen wollen sich im Gesundheitswesen politisch engagieren. Frau von Medikur unterstützt durch ihre Lobbyarbeit die etablierte Medizin, Frau Felsenstein dagegen möchte, daß jeder Bürger seine Behandlung frei wählen darf.

Fabian: Ich dachte, wir könnten frei wählen?

Herr Tudor: Nur auf dem Papier. Außerhalb der herkömmlichen Medizin trägt jeder Patient alle Leistungen selber. Wer, bei den teuren Krankenkassenbeiträgen, kann das denn noch? Dieses Ungleichgewicht möchte Frau Felsenstein ändern.

Fabian: Ah, ich verstehe, Naturheilverfahren. Aber wer soll ein Interesse daran haben, daß nun **beide** Kandidatinnen eingeschüchtert werden und aufgeben?

Herr Tudor: Das erkennst du richtig, das ist hier die Frage. Aber vielleicht ist sie es auch nicht.

- II,3 -

Tudor und die Felsensteins im Büro. Fabian führt im Hintergrund Protokoll.

Herr Tudor: Seit wir Ihr Haus beschatten, ist Ruhe eingekehrt. Glauben Sie, daß der Unruhestifter etwas gemerkt hat?

Herr Felsenstein: Kaum, Ihr Gehilfe *nickt Fabian anerkennend zu* hat sich geschickt angestellt. Wir haben nichts bemerkt. Auch einige Nachbarn nicht, die wir eingeweiht haben.

Herr Tudor: Das hätten Sie nicht tun sollen.

Herr Felsenstein: Die Nachbarsfrau ist öfters zu Besuch, sie hat die Vorfälle mitbekommen. Wir waren aufgewühlt, nervös, da haben wir es erzählt. Im nachhinein haben wir's bereut. Die sind uns manchmal zu freundlich, nicht wahr, Agathe, oder, besser gesagt, so aufgesetzt freundlich. Vielleicht tun wir ihnen aber auch Unrecht.

Herr Tudor: Wem haben Sie noch von unserer Beschattung erzählt?

Frau Felsenstein: Sonst niemand, unserer Tochter noch und Jonathan, ihrem Freund.

Herr Tudor: Wie ist die Stimmung in der Partei, Frau Felsenstein, so kurz vor der Wahl.

Frau Felsenstein: Die Fronten verhärten sich. Bin drauf und dran, die ganze Sache hinzuwerfen. Aber unser Jonathan, der politisch sehr interessiert ist, Sie wissen, er ist angehender Journalist, hat mir ans Herz gelegt, weiterzukämpfen. Wir haben festgestellt, daß es extrem viele Frauen gibt, die jetzt schon in der alternativen Gesundheitspflege aktiv sind. Das könnte eine riesige Lobby werden, meint Jonathan. Eine Lobby, die dafür sorgt, daß der Bürger von den Kassen freie Behandlungswahl bekommt.

Herr Tudor: Und das paßt der Frau von Medikur nicht. Klar doch.

Frau Felsenstein: Sie ist eine entfernte Verwandte von unserem Gesundheitsminister. Außerdem die beste Freundin der Frau von Professor Rennie.

Herr Felsenstein: Übrigens, es ist auch im Gespräch, daß die Medikur besondere Kontakte zur Volkszeitung hat.

Herr Tudor: Besondere Kontakte? Sie meinen besondere enge Kontakte, unlautere Kontakte.

Herr Felsenstein: Ja, Jonathan hat das so gesagt. Er übt sich, wie Sie vielleicht wissen, im sogenannten investigativen Journalismus. Dabei ist er auf einige delikate Details gestoßen.

Herr Tudor: Also fast wie in Berlin.

Herr Felsenstein: Jonathan meinte, Sie als Detektiv angeheuert zu haben, wäre heikel genug. Wenn die Medikur merkt, daß wir sie der Unlauterkeit verdächtigen, könnte das, bei den Beziehungen dieser Frau, für uns alle ungemütlich werden.

Herr Tudor: Ich soll meine Recherchen einstellen?

Frau Felsenstein: Nein, es geht darum, daß Sie aufklären, wer uns belästigt, und daß die Vorfälle aufhören, mehr nicht. Ich glaube im übrigen kaum noch, daß es die Frau von Medikur selber ist, die wir suchen. Die macht sich ihre gelackten Finger nicht schmutzig. Wenn sie überhaupt dahintersteckt, hat sie bestimmt ihre Handlanger.

Herr Tudor: Übrigens, die Medikur wird ebenfalls belästigt.

Herr Felsenstein: Wie? Sie wird ebenfalls belästigt?

Herr Tudor: Bei ihr fand sich auch ein Rabe mit einem Zettel auf der Fußmatte, es war jedoch ein Plüschrabe. Dann kam ein Hundehaufen dazu und Schmierereien am Küchenfenster.

Herr Felsenstein: Woher wissen Sie das?

Herr Tudor: Ich habe meine Quellen. Es wird gemunkelt, daß Sie, Frau Felsenstein, dafür verantwortlich wären.

Frau Felsenstein: Ich? Das ist doch lächerlich.

Herr Tudor: Wie dem auch sei. Im Fall der Medikur gehen wir von einer männlichen Person aus.

Herr Felsenstein: Das ist sehr verwirrend, Herr Tudor.

Frau Felsenstein *nimmt die Hand ihres Mannes*: Nach der Wahl wird sowieso Ruhe einkehren. Mir ist bewußt, daß ich im Grunde kaum eine Chance habe, Herr Tudor. Trotzdem möchten wir wissen, wer so gemein ist, uns das anzutun.

Herr Tudor: Das werden wir bald wissen, seien Sie dessen versichert. Noch vor der Kandidatenwahl. Aber bitte, zu niemandem mehr ein Wort! Auch zu den Nachbarn nicht! *Alle stehen auf, verabschieden sich, Fabian begleitet Felsensteins hinaus. Tudor setzt sich wieder hin, notiert etwas. Frau Tudor schaut zur Tür herein.*

Frau Tudor: Das war doch die Frau Felsendings, den Mann kenne ich auch! Was wollten die denn hier?

Herr Tudor: Darf ich nicht sagen, Liebste. Schweigepflicht.

Frau Tudor *tritt ein, stellt sich vor den Schreibtisch, die Hände in die Seite gestemmt*: Kann es sein, Hans, daß du auf **zwei** Hochzeiten tanzt?

Herr Tudor *lehnt sich zurück*: Ich tanze auf zwei Hochzeiten?

Frau Tudor: Du hattest Besuch von der Frau Felsendings und Besuch von der Frau Medikur, folglich haben beide dir einen Auftrag erteilt.

Herr Tudor: Gut kombiniert.

Frau Tudor: Du kannst doch nicht beide gleichzeitig vertreten! Das wäre ja, als würde ein Anwalt Kläger und Angeklagten verteidigen. Oder als würde man Schach gegen sich selbst spielen.

Herr Tudor: Schach gegen sich selbst zu spielen, ist übrigens das beste Training für die Gehirnzellen. Sag mal, gehst du eigentlich noch zu dieser Frauenmachtpartei?

Frau Tudor: Nein, die Medikur ist bei mir unten durch. Ich erwäge, auszutreten.

Herr Tudor: Bleib mal lieber noch drin. Demnächst ist diese Kandidatinnenwahl und ich plädiere dafür, daß du die Felsenstein wählst.

Frau Tudor: Ah, die Felsendings heißt Felsenstein. Die Frau von dem Felsenstein, der damals …

Herr Tudor: Du weißt von nichts! Mach einfach, was ich sage. Mir zuliebe.

Frau Tudor: Hm, aber nur, wenn du mir alles von dem Fall erzählst.

Herr Tudor: Am Schluß erfährst du alles, versprochen. Aber jetzt ist es noch zu früh, hab Geduld.

Frau Tudor b*eugt sich über den Schreibtisch, gibt ihm einen Kuss*: Gut, ich bin gespannt. *Reibt sich die Hände, während sie hinausgeht.*

*

Wahlbüro. Frau von Medikur steht neben ihrem Schreibtisch. Der Redakteur Herr Nobel sitzt in einem Sessel vor dem Schreibtisch.

Frau von Medikur *wühlt in einem Stapel Papier, zieht ein Poster hervor, zeigt es*: Das neue Wahlplakat. Meine Agentur hat gute Arbeit geleistet. F A D M – Frauen An Die Macht. Ihrer Gesundheit wegen. Und, wie gefällt es dir?

Herr Nobel: Schön, sehr schön. Nur …

Frau von Medikur *etwas barsch*: Was?

Herr Nobel: Die vielen Tabletten auf dem Plakat, sieht eher aus wie eine Smarties-Werbung.

Frau von Medikur: Die Assoziation ist gewollt. Tabletten sind bunt und süß! Gesundheit ist auch bunt und süß. Gesundheit aus der Packung. Wir müssen heute keine Schmerzen mehr haben, keine störenden Symptome. Gerade wir schmerzgeplagten Frauen wollen eine schmerzfreie Zukunft. Ein schmerzfreies Europa! Schmerzfreies Wachstum. Diese bunten Pillen sind ein Segen, das kannst du doch bestätigen.

Herr Nobel: Selbstverständlich, die Pillen erhalten euch seit Jahren am Leben.

Frau von Medikur: Und dich auch. Es ginge dir beschissen ohne deine Blutdrucktabletten, Cholesterinsenker und Entzündungshemmer. Allein deine Arthrose würde dich glatt umbringen.

Herr Nobel: Wie wahr, wie wahr. Aber sag mal, wie sieht die Prognose aus, wie stimmt die Basis?

Frau von Medikur: Die Ergebnisse sind mehr als befriedigend. Sämtliche Frauenverbände, sogar der große Landfrauenbund stehen auf meiner Seite. Der Kliniksektor ist ebenfalls gut bearbeitet. Sämtliche weiblichen Mitarbeiterinnen in Krankenhäusern, Altenheimen und Reha-Zentren sind von meinem Parteiprogramm begeistert. Es war taktisch klug, daß ich eine Frauenquote erstmals auch in den oberen Kliniketagen in die Debatte brachte. Meine Besuche in all den Kliniken und Heimen haben bei der Presse großen Eindruck gemacht.

Herr Nobel *grinst*: Sehr schön. Da kann ja nichts mehr schiefgehen. Du hast die Frauenseelen im Sturm erobert. Das wird sich am Schluß für dich auszahlen, mein Herzilein.

Frau von Medikur: Das will ich auch schwer hoffen. Das war ganz schön aufreibend, Schatz, immer lächeln, immer gute Miene. Ich habe echt die Nase voll von all den alten, kranken, stinkenden Leuten, den Behinderten, die einen dauernd angrabschen, den jammernden Krankenschwestern. So schlimm geht's denen doch gar nicht, sollen froh sein, daß sie einen Job haben. Wir müssen alle arbeiten für unser Geld!

Herr Nobel: Jetzt werde nicht garstig, immerhin verdankst du diesen kranken, stinkenden, jammernden Menschen deine Karriere. Ein bißchen Dankbarkeit wäre angebracht.

Frau von Medikur *Wegwerfbewegung mit der Hand*: Es geht um wichtigere Dinge, als diese hochgeputschten Befindlichkeiten! Wir sind kein armes Land, wir haben keine Slums, keiner muß hier verhungern, wir sind ein Sozialstaat. Das vergessen viele. Damit das so bleibt, müssen wir was tun, wir müssen die Zukunft stabilisieren. Wir müssen vor allem die Frauenquote hochtreiben. Wir Frauen haben Stärken, die politisch und marktwirtschaftlich noch längst nicht ausgeschöpft sind! Viel zu lange haben Männer geherrscht. Wir sehen ja, was dabei rumkommt. Nimm das bitte nicht persönlich.

Du bist eine Ausnahme, das weißt du, ja? *Gibt ihm einen Kuss.*

Herr Nobel: Sogar eine verheiratete Ausnahme, aber danke für die Blumen, Herzilein. Wie steht's übrigens mit dem Detektiv, gibt es da Ergebnisse?

Frau von Medikur: Du meinst diesen Schnüffler Tudor? Es heißt, er wäre der beste weit und breit. Ich weiß nicht, was ich von ihm halten soll. Bis jetzt hat er nichts herausgefunden.

Herr Nobel: Wenn er den Fall nicht aufklärt, werden meine Kollegen von der Schmierenpresse bald wilde Gerüchte in Umlauf bringen. Ziemlich schlecht fürs Image. Ich habe meine Zeitung ja im Griff, aber die Konkurrenz ist gierig und schläft nicht.

Frau von Medikur: Du hast mich doch als Opfer einer billigen Intrige gut rübergebracht. Ich bin mit deiner Berichterstattung bisher mehr als zufrieden.

Herr Nobel: Dein Wort in Gottes Ohr, Herzilein.

Frau von Medikur *schaut auf die Uhr*: Meine Güte, schon Viertel vor zwei. Ich muß noch zum katholischen Frauen-Gesangs-Verein, Einladung zum Kaffeekränzchen. Wie mich das anödet, diese langweiligen, inhaltslosen Gespräche! Aber Job ist Job, da muß man durch.

Herr Nobel: Soll ich dich ein Stück mitnehmen?

Frau von Medikur: Lieber nicht. Man könnte uns zusammen sehen. Ich bin eine rechtschaffene Frau und habe mit einem verheirateten Manne nichts zu schaffen, merk dir das!

Herr Nobel: Deine Schamlosigkeit macht dich unheimlich attraktiv, mein Herzilein. *Turtelnd ab.*

- III,2 -

Büro. Tudor und Fabian.

Herr Tudor *hält verschiedene Fotos hoch*: Nichts. Da muß doch etwas durchgesickert sein. Jemand weiß, daß wir beide Häuser beschatten.

Fabian: Es sieht so aus.

Herr Tudor: Schau mal hier, Fabian, ich hab das gesamte Umfeld fotografiert, die Nachbarhäuser, die Vorgärten, Hinterhöfe, verschiedene Personen, alles am hellichten Tag.

Fabian: Aber Herr Tudor, wie denn? Sie müssen doch aufgefallen sein, wenn Sie da überall rumschnüffeln.

Herr Tudor: Tja, lieber Fabian, ein guter Detektiv greift in die Trickkiste, das müßtest du am besten wissen. Perücke, Maske, Verkleidung, ruckzuck verwandelt man sich in eine ältere Dame, einen Vertreter, einen Handwerker. Gestern sammelte ich, mit Ausweis, für den paritätischen Wohlfahrtsverein, auf zehn Jahre älter getrimmt, Vollbart, Hut. Die meisten spendeten. Frau von Medikur war leider nicht zuhause. Dann aber hier *zeigt Fotos*, dieser Mann, der Nachbar gegenüber von Felsensteins, beschimpfte mich wüst. Er verstand das Wort paritätisch nicht und schickte mir stattdessen das Wort Sektierer wütend hinterher. Konnte ihn schnell noch aus einem versteckten Winkel heraus fotografieren. Übrigens, die Spenden erstatte ich zurück, sobald der Fall gelöst ist.

Fabian: War das nicht der Nachbar, den die Felsensteins eingeweiht haben?

Herr Tudor: Genau der. Kennst du ihn?

Fabian: Ich sah ihn einmal vor dem Haus der Felsensteins. Beim Abschied an der Tür taten sie herzlich und vertraut.

Herr Tudor: Diese Nachbarn sind übrigens noch Mitglieder in diesem fanatischen Bibelkreis. Wenn jemand dort aussteigt, wie die Felsensteins, bricht der Kontakt normalerweise ab. Ehemalige Mitglieder werden wie Abtrünnige, wie Verräter, wie Aussätzige behandelt. Hier besteht die Freundschaft weiterhin. Mich wundert das.

Fabian: Interessant, Chef!

Herr Tudor *greift zum Telefon, wählt*: Frau Felsenstein? Tudor hier. Wir müssen die Beschattung einstellen … Wie bitte? … Nein, nein. Wir stehen kurz vorm Abschluß … ja, bald … wir haben den Täter … genau. Keine Beschattung mehr. Gut. Bitte sagen Sie das Ihrer Familie … Und geben Sie vor allem und unbedingt Ihren Nachbarn ebenfalls darüber Bescheid, daß keine Beschattung mehr stattfindet. Hören Sie, das ist wichtig, das ist entscheidend. Ja, ja … auf jeden Fall. Wiederhörn.

Fabian: Sie haben den Täter?

Herr Tudor: So gut wie.

Fabian *vorsichtig fragend*: Was ist mit dem anderen?

Herr Tudor: Der andere lohnt kaum die Mühe.

Fabian *beleidigt*: Wie, der lohnt kaum die Mühe?

Herr Tudor: Für einen Profi-Detektiv ist so ein Dilettant keine Herausforderung.

Fabian: Aber Sie wissen trotzdem nicht, wer es ist!

Herr Tudor: Ich weiß es nicht?

Fabian: Nein!

Herr Tudor: Gut, ich vergebe den Auftrag an dich. Als angehender Meisterdetektiv wirst du den Dilettanten ausfindig machen. Das gibt einen Extrabonus.

Fabian: Wir werden sehen. Ich muß jetzt los. *Tudor lehnt sich schmunzelnd im Sessel zurück.*

- III,3 -

Nächster Tag. Tudors frühstücken im Wohnzimmer. Frau Tudor hantiert nebenan in der Küche.

Herr Tudor *ruft*: Lisa, wo bleibt mein Frühstücksei, und die Wurst fehlt auch noch!

Frau Tudor *kommt mit einem Tablett herein*: Damit ist Schluß, Hans, das gibt's nicht mehr, das ist total ungesund. Hier hast du eine leckere Paste aus vegetarischen Pflanzen. Schmeckt hervorragend.

Herr Tudor: Vegetarische Pflanzen? Ich habe Hunger!

Frau Tudor: Aber Hans, ich war gestern auf einem Vortrag über Naturkost und Gesundheits…

Herr Tudor: Lisa!

Frau Tudor: Ei und Wurst sind ungesund. Dein dicker Bauch stört mich schon seit langem, kurzatmig bist du neuerdings auch. Deine Gelenke krachen, es stöhnt und ächzt in jeder Ecke.

Herr Tudor: Bist du jetzt bei den Ernährungsaposteln? *Probiert die Paste* Naja, nicht schlecht, aber morgen will ich wieder Ei und Wurst, hörst du? *Das Telefon läutet. Tudor nimmt ab, grinst.* Ah, Frau Felsenstein … Was? … eine tote Katze diesmal? …. Aha … Schmierereien? … In zwei Stunden … Maja, ich bin zuhause. Bleiben Sie gefaßt, bis gleich.

Frau Tudor: Was ist passiert?

Herr Tudor: Wieder eine Attacke auf die Felsensteins.

Frau Tudor: Das ist ja schlimm! Die arme Frau Felsenstein. Übrigens war die gestern auch auf dem Gesundheitsvortrag. Wir haben uns sehr nett unterhalten, die ist gar nicht so verkehrt.

Herr Tudor: Na siehst du. Ruf bitte Fabian an, er soll sofort in mein Büro kommen. Es gibt heute einiges zu erledigen.

- III,4 -

Tudors Büro. Fabian. Felsensteins. Auf dem Tisch liegen Fotos.

Herr Tudor: Die letzte Nacht hat Gewißheit gebracht. Nachdem ich Ihnen gesagt habe, daß wir die Beschattung einstellen, passierten wieder neue Vorfälle. Wir haben jedoch weiter beobachtet. Die ganze Nacht. Hier, schauen Sie die Fotos, erkennen Sie jemanden darauf?

Frau Felsenstein: Etwas schwer zu erkennen, die Gestalt ist vermummt, bis auf die Augen, er trägt eine Brille. Aber im Hintergrund, schau mal, Schatz!

Herr Felsenstein: Das ist die Garage unserer Nachbarn, und hier, die Terrasse. Was hat der Täter dort gesucht? Und hier, unser Vorgarten, er legt was vor die Tür. Und hier, auf dem Foto sieht man deutlich die Brille. Die kenne ich doch! Rote Einfassung, rund, der Blick, das ist doch …

Herr Tudor: Ihr lieber Nachbar, ganz genau, Herr Felsenstein.

Frau Felsenstein: Aber warum tut er das?

Herr Tudor: Erst verlassen Sie den trauten Bibelkreis, werden abtrünnig, dann mischen Sie, Frau Felsenstein, kräftig in der Politik mit, Ihr Beliebtheitsgrad steigt, Sie stehen in der Öffentlichkeit, als Frau, was für Angehörige dieses Fanatikervereins ein Unding ist.

Frau Felsenstein: Neid?

Fabian: Neid war schon immer ein starkes Motiv in der Kriminalistik, Frau Felsenstein.

Herr Tudor: Neben dem Neid ist es besonders Ihre Abtrünnigkeit. Abtrünnigkeit ist in den Augen fanatischer Menschen ein schweres Verbrechen.

Eines der schwersten überhaupt. So was muß bestraft werden. Sie kennen die Gesetze dieser Fanatiker doch selber aus Ihrer Zeit in ihrem Verband, Herr Felsenstein, ich brauche Ihnen nicht mehr zu sagen.

Herr Felsenstein: Aber was ist mit der Frau von Medikur? Hat sie nichts damit zu tun?

Herr Tudor: Ich denke, nein. Frau von Medikur hat mit der toten Katze nichts zu tun.

Herr Felsenstein: Aber die Vorfälle bei der Medikur selber, was hat es denn damit auf sich?

Herr Tudor: Die sind anderer Natur. Für unseren Fall nicht so relevant. Mein Assistent Fabian kümmert sich momentan darum. Ihr Nachbar jedenfalls ist ein Fall für die Polizei, Sachbeschädigung, Mobbing, Einschüchterung, da kommt ein bißchen was zusammen. Mein Freund, Hauptkommissar Thiel, ist informiert. Er nimmt Ihre Anzeige gern entgegen.

Frau Felsenstein: Anzeige? Aber, wie soll das gehen? Die wohnen gegenüber, das Gerede der Leute, das wird alles noch schlimmer machen!

Herr Felsenstein *ballt die Fäuste*: Natürlich zeigen wir die an! Sollen sie doch wegziehen, diese Gaukler und Heuchler!

Herr Tudor: Recht so, Herr Felsenstein. Übrigens, wie sieht denn die Prognose aus, Frau Felsenstein?

Frau Felsenstein: Schlecht, sehr schlecht. Die Medikur kann auf die Unterstützung sämtlicher Institutionen zählen.

Herr Tudor: Das wird sich bald ändern, seien Sie versichert, Frau Felsenstein. Ich bin optimistischer als Sie. Aber jetzt habe ich zu tun. Wie sehen uns bald wieder.

Felsensteins verabschieden sich und gehen.

Herr Tudor *zu Fabian*: Hier, *öffnet die Schublade, nimmt ein Foto heraus*, schau, ist das nicht prickelnd?

Fabian: Pffff … das ist ja die Medikur mit dem Chefredakteur in ein- äh, zweideutiger Position! Chef, wo haben Sie denn die erwischt?

Herr Tudor: War nicht ganz einfach.

Fabian: Der Redakteur, wie heißt der nochmal, ist der nicht verheiratet? Ehemann einer Frauenrechtlerin?

Herr Tudor: Das ist der Herr Nobel. Jawohl, er ist verheiratet mit einer Suffragette.

Fabian: Suff- was?

Herr Tudor: Suffragette. Frauenrechtlerin. Ist aber nicht der springende Punkt. Damit kriegen wir sie nicht dran, und das ist auch gut so, daß die Gesellschaft sich um so was nicht mehr kümmert.

Fabian: Sondern?

Herr Tudor: Später. Aber jetzt mußt du mir Abzüge machen von dem einen Foto hier, etwa fünfzig, das müßte reichen. Dann machst du ebenso viele Briefe fertig, steckst die Fotos dazu …

Fabian: Ich verstehe zwar Bahnhof, aber mir ahnt Schreckliches! *Reibt sich die Hände.* Was ist mit den Adressen, wohin die ganzen Briefe?

Herr Tudor *kramt in dem Papierstapel auf dem Schreibtisch*: Hier ist eine Liste mit allen Kliniken, Pflegevereinen und Frauenverbänden. Schaffst du das bis morgen?

Fabian: Klar, Chef. *Eilig ab*.

Herr Tudor *greift zum Telefon*: Jonathan? Ja, Tudor hier. Gilt dein Angebot noch wegen eines Artikels? Du weißt … aha … ja, deine Recherchen für den Stadtkurier. Ich hab da noch was Besonderes. Meinst du, daß du bis morgen … spätestens übermorgen … auf jeden Fall? Wir treffen uns um zehn … ja, bring alles mit. Bis gleich.

- IV,1 -

Zwei Tage später. Herr Tudor sitzt im Büro, liest Zeitung, grinst genüßlich. Frau Tudor füllt Kaffee in Tassen. Es klingelt Sturm an der Tür.

Frau Tudor: Du meine Güte, das scheint ja dringend zu sein *öffnet die Tür.* Oh, Frau von Medikur …

Frau von Medikur *herrisch, stürmt direkt ins Büro, knallt die Tür zu. Frau Tudor verzieht sich erst in die Küche, kommt zurück und lauscht an der Tür*: Herr Tudor, eine Intrige! Ich bin ruiniert, Sie müssen mir helfen, koste es, was es wolle. Meine Karriere …

Herr Tudor: Beruhigen Sie sich, Frau von Medikur, bitteschön, nehmen Sie doch Platz.

Frau von Medikur: Sie lesen gerade den Stadtkurier? Da steht es drin, Verleumdung, unfaßbar, meine Karriere …

Herr Tudor: Ich weiß, ein großer Artikel. Und die Fotos, erstklassig, wer hat die gemacht, ein Paparazzo? Ein echter Profi, alle Achtung.

Frau von Medikur: Sie glauben doch nicht, daß ich mit diesen Herren da irgendwas …

Herr Tudor: Was ich glaube, steht nicht zur Debatte.

Frau von Medikur: Also, bitte, das ist doch lächerlich! Da steckt die Felsenstein dahinter, dieses infame Weibsbild! Die will mich ruinieren!

Herr Tudor: Sie irren, Frau von Medikur. Die Felsenstein hat damit nichts zu tun. Sie ist selber Opfer einer üblen Kampagne. Und das ging los mit dem Zeitungsartikel. Erinnern Sie sich an den Zeitungsartikel?

Frau von Medikur: Welchen Zeitungsartikel?

Herr Tudor: Der Artikel, in dem der Felsenstein rückständige Haltung und Mitgliedschaft in einer extremistischen Vereinigung angedichtet wird.

Frau von Medikur: Was schert mich dieser Artikel. Damit habe ich nichts zu tun! Es geht hier um meinen Fall, um diese Schweinerei da, in dieser Zeitung! Sie will mich ruinieren, dieses intrigante Frauenzimmer. Wie kann man nur so böse und dreist sein! So was von Hinterlist …

Herr Tudor: Das muß ich aber nicht glauben.

Frau von Medikur: Was ist das für eine Sauerei: lauter aus dem Zusammenhang gerissene Bilder. Ich mit den Professoren Rennie und Monetus und dem Apotheker Flatus beim Galaball der Firma Heilnix.

Herr Tudor: In vertrauter Runde an einem Tisch.

Frau von Medikur: Kundenpflege, na und.

Herr Tudor: Und daneben Fotos von derselben Runde, erweitert durch den Chefredakteur Nobel, etwas früher bei der Pressekonferenz, bei der Nobel Ihnen und Ihren Freunden ausgiebig Gelegenheit gab, sich zu präsentieren. Einen Tag später las man zwei Seiten in der Volkszeitung über diese Konferenz, Sie groß im Bild. Zwei Tage nach dieser Konferenz erschien im selben Blatt jener vernichtende Artikel über Frau Felsenstein.

Frau von Medikur: Noch lange kein Grund, es mir anzulasten.

Herr Tudor: Ich lese nur: „Es wird gemutmaßt, daß Medikur besonders innige Kontakte zur Presse in Gestalt des Chefredakteurs Heiner Nobel unterhält.“

Frau von Medikur: Das soll mir einer mal beweisen!

Herr Tudor: „Es wird gemutmaßt“, mehr steht nicht drin.

Frau von Medikur: Das ist Journalismus alleruntersten Niveaus! Außerdem verrät der Schreiberling dadurch nur allzu deutlich, daß er von der Felsenstein instruiert ist.

Herr Tudor: Ach ja. Wie hieß es in dem Felsenstein-

Artikel *nimmt den Ausschnitt und liest vor*: „Es wird gemutmaßt, daß die vorgestrigen Ansichten dieser selbsternannten Politikerin des rechten Weges aus ihrer Mitgliedschaft in einer zweifelhaften religiösen Gemeinschaft erklärlich werden."

Frau von Medikur: Sie stehen in meinen Diensten, Tudor, mit gutem Honorar, vergessen Sie das nicht! Ich verlange, *sie steht entrüstet auf* daß Sie sofort ans Werk gehen*, fuchtelt hysterisch mit dem Zeigefinger* sofort! Sie werden diese Felsenstein entlarven, darauf bestehe ich! Und mich in der Öffentlichkeit rehabilitieren, sonst ist die Wahl futsch, Sie alleine werden das zu verantworten haben, Sie alleine!

Herr Tudor *steht auf, schroff*: Nun lassen Sie mal die Kirche im Dorf, Frau von Medikur! *Überlegt kurz.* Apropos gutes Honorar, das steht noch aus, das möchte ich sofort, sonst unternehme ich gar nichts mehr! *Frau Tudor mit dem Ohr an der Tür frohlockt sichtbar in aller Stille. Frau Medikur zuckt zusammen, will protestieren, er kommt ihr bedrohlich nahe, sie weicht, zückt nervös ein Scheckbuch, füllt es aus, wirft den Scheck auf den Tisch.* Sie wissen genau *drängt sie langsam Richtung Tür*, daß der Bericht in der Volkszeitung damals getürkt war. *Sie springt zurück, versucht, den Scheck wieder an sich zu nehmen, Tudor ist schneller, steckt ihn in die Hemdtasche* Das ist Schmerzensgeld, Frau Medikur, Sie haben doch nicht im Ernst geglaubt, Sie können einen Detektiv meiner Klasse täuschen?

Frau von Medikur: Was fällt Ihnen ein, **Sie** haben mich getäuscht, **Sie** …

Herr Tudor: Schweigen Sie! Wie kann man nur so dämlich sein, eine Affäre mit dem Mann einer Feministin anzufangen, die bekannt ist für ihre Eifersuchtsszenen, und dann nicht merken, wie ein ausgefuchster Paparazzo Sie tagelang beschattet und fotografiert!

Frau von Medikur: Tagelang beschattet und fotografiert?

Herr Tudor: Tagelang. *Zeigt ein Kuvert vor.*

Frau von Medikur: Was ist das?

Herr Tudor: Sie müssen einiges auf dem Kerbholz haben, daß sich jemand so auf Sie einschießt. Haben Sie keinen Umschlag empfangen? Dieser hier enthält das sichere Todesurteil Ihrer Karriere.

Frau von Medikur *stottert*: Ich habe nichts erhalten. Zeigen Sie! Was ist das? Fotos, noch mehr Fotos?

Herr Tudor *zeigt das Foto her*: Von wegen gemutmaßt! Man sieht es deutlich, Sie in küssender Umarmung am Fenster eines Hotels mit Herrn Nobel. Ich nehme an, daß etliche der Personen und Vereinigungen, mit denen Sie in Kontakt stehen, einen solchen Abzug bekommen haben. Auch die betrogene Ehefrau Ihres Liebhabers, die Kirchengemeinden und Verbände, Pflegerinnen und Betreuerinnen, kurz: alle Ihre Fans. Das kann dabei herauskommen, wenn man mit der Presse Händchen hält.

Frau von Medikur *fassungslos*: Ich verstehe das nicht, das ist … infam, infam, eine Verschwörung, ich … *sie schluchzt, eilt zur Tür, wirft einen bitterbösen Blick zurück.* Das wird Folgen haben! *Geht ab.*

Frau Tudor *tritt langsam aus der Küche*: Das war ja bühnenreif, erstklassige Vorstellung, Liebling! *Sie wirft sich ihm an den Hals, küßt ihn ab, zieht ihm den Scheck aus der Hemdtasche.* Den muß ich sofort einlösen, bevor die blackout ist.

Herr Tudor: Bevor die knocked out ist, heißt das, k. o.! Nun mach schnell, husch! *Frau Tudor wirft sich ihren Mantel um, verschwindet. Zur gleichen Zeit erscheint Fabian in der Tür.*

Fabian: Hui, was war denn hier los? Wurde eben fast von der Medikur über den Haufen gerannt, und dann von Ihrer Frau.

Herr Tudor: Später, Fabian. Würdest du bitte Felsensteins herbestellen? Es ist dringend. Und Jonathan bitte auch.

Fabian: Ok, Chef.

Büro. Herr Tudor, Fabian und Felsensteins, Jonathan. Der Schreibtisch ist überfüllt mit Papierstapeln und Fotos. Frau Tudor lauscht wieder an der Tür.

Herr Tudor *wühlt in den Papieren*: Ein ganz schönes Durcheinander, dieser Fall. Haben Sie die Post bekommen, das Kuvert mit dem Foto?

Herr Felsenstein: Wir freuen uns sehr, daß dieser Person endlich das Handwerk gelegt wird. Den Stadtkurier haben wir auch bewundert. Jonathan hat ganze Arbeit geleistet, wir sind richtig stolz auf den Jungen, stimmt's, Agathe?

Frau Felsenstein *zu Jonathan*: Ja, sehr stolz. Hoffentlich wird das keine bösen Folgen für dich haben, Jonathan, da du einige Dinge beim Namen nennst, was einigen nicht paßt.

Jonathan: Sei beruhigt, ich hab das vorher mit der Verlagsleitung abgesprochen. Ich konnte denen das Foto von Herrn Tudor zeigen, da war denen alles klar. Wir schätzen uns froh, daß wir mal wieder aufzeigen konnten, wie unsere Konkurrenz, die große Volkszeitung, das Volk verdummt.

Herr Tudor: Es wird in den nächsten Tagen noch mehr ans Licht kommen. Das Volk ist ja nicht ganz so dumm, wie wir meinen, es wird merken, wo die Häsin hinläuft.

Herr Felsenstein: Aber könnten Sie ein wenig Licht in das Gesamte bringen, der Fall scheint verwickelt.

Herr Tudor: Fangen wir bei Ihren Nachbarn an. Sie waren die einzigen, die sich nach ihrem Abgang aus dem Bibelkreis Ihnen gegenüber freundschaftlich verhalten haben.

Herr Felsenstein: Mein Nachbar wollte gut mit mir stehen. Im nachhinein fällt mir auf, daß beide, das hast du doch auch bemerkt, Agathe, noch freundlicher zu uns wurden, nachdem wir aus dem Bibelkreis ausgeschieden waren. Irgendwie ein Tick zu freundlich. Und Maria kam in letzter Zeit doch so häufig rüber, daß es dir schon lästig wurde.

Herr Tudor: Gehen wir davon aus, daß Ihre Nachbarn sich für Ihr Ausscheiden aus dem Bibelkreis, Ihren Verrat, Ihre Abtrünnigkeit von dem, was sie für die Wahrheit halten, rächen möchten. Da kommt ihnen der Artikel vor Wochen vor die Nase, den die Medikur ihrem Freund, dem Nobel, in seine korrupte Feder diktiert, der Artikel, der Sie, Frau Felsenstein, so übel diskreditiert. Dieser Artikel wirkt wie der auslösende Funke im Pulverfaß der Vergeltung. Die Nachbarn schlagen zu, wohl wissend, daß der Verdacht nach dem üblen, ganz und gar unnoblen Medikur-Artikel auf eben Frau von Medikur fällt. Die Medikur wird, ohne es zu wissen, zur Stichwortgeberin und Komplizin der Nachbarn. Der diffamierende Artikel ermöglicht es quasi jedem Täter, den Verdacht auf die Urheberin, Frau von Medikur, zu lenken. Ohne Argwohn zu erregen, demoliert der Nachbar Ihnen die Autoreifen, legt einen toten Raben vor die Tür und erschreckt Sie mit einem bedrohlichen Nimmermehr. Die literarische Note und die Bezugnahme auf Edgar Allen Poe haben den Fall zwar etwas aufgepeppt, sind aber nicht wirklich originell. Ich stelle zum Schein die Überwachung ein, das teilen Sie den Nachbarn mit, und schon beginnen die Einschüchterungsversuche von neuem. Sich in Sicherheit wiegend, hatte der Nachbar nichts besseres zu tun, als sofort erneut zuschlagen. Ich blieb jedoch am Ball und konnte manches fotografieren … Wo er die tote Katze herhatte, würde mich noch interessieren.

Frau Felsenstein: Aber was ist mit der Medikur, Sie sagten, auch da hätte jemand randaliert.

Herr Tudor: Na, randaliert ist zu hoch gegriffen. Da hat sich jemand ein Späßchen erlaubt.

Frau Felsenstein: Aber wer ist es?

Herr Tudor: Es handelt sich um einen jungen Mann aus der Stadt und, bedauerlich zu sagen, irregeleiteten Verteidiger Ihrer Person, Frau Felsenstein. Da er ein Heißsporn ist, trieb es ihn zur Revanche. Allzu kopflos und undetektivisch, wenn der Begriff einmal erlaubt ist, ging er davon aus, daß die Medikur hinter den Anschlägen gegen Sie steckt, was ja nicht stimmt. Er kann heilfroh sein, daß die Medikur keine Polizei einschaltete. Hauptkommissar Thiel hätte ihn schnell überführt, da bin ich ganz sicher, bei den eindeutigen Spuren, die er hinterließ.

Fabian: Eindeutige Spuren?

Herr Tudor: Wir wollen die Sache auf sich beruhen lassen. Im nachhinein war der Spaßvogel recht dienlich, denn durch seine Aktionen erst hat Frau von Medikur mich engagiert.

Frau Felsenstein: Wie, Sie haben für uns beide gearbeitet?

Herr Tudor: Das hat sich so ergeben. Ich habe die Medikur die ganze Zeit beschattet, Fabian war bei Ihnen. Parallel dazu hat Jonathan recherchiert. Meine und seine Fotos und unsere vereinten Informationen haben das Werk vollendet. Nun werden der Medikur die Anhängerinnen in Scharen abspringen, ihr Ruf ist angeschlagen, aber Sie, Frau Felsenstein, sind rehabilitiert. Daß Sie ein Opfer der Intrigen von dieser Furie und ihres Zeitungsfuzzis wurden, spricht sich jetzt herum. Sie haben gute Chancen, die Wahl zu gewinnen. Begrüßen wir die Kandidatin der F A D M, Frauen

An Die Macht, für die Bundestagswahl im kommenden Jahr!

Frau Felsenstein: Wir sind Ihnen sehr zu Dank verpflichtet, lieber Herr Tudor, und das nun schon zum zweiten Mal.

Herr Tudor: Aber danken Sie auch meinem Gehilfen Fabian, er hat einiges dazu beigetragen, den Fall zu lösen, nicht wahr, Fabian?

Fabian *verwirrt*: Äh, ja, danke. Vielen Dank.

Frau Felsenstein: Wenn ich die Wahl tatsächlich gewinne, werden wir einiges im Gesundheitswesen ändern, zumindest regional. Sie haben ein gutes Werk getan, Herr Tudor.

Wohnzimmer. Herr und Frau Tudor bei einem Glas Sekt.

Frau Tudor: Das müssen wir feiern, Hans, das war der spannendste Fall, den wir je hatten!

Herr Tudor: Wir?

Frau Tudor: Natürlich wir. Hast du denn gar nicht gemerkt, wie ich im Hintergrund manchen Faden gesponnen habe, der die Sache ein wenig prickelnder machte?

Herr Tudor: Nein, wirklich? Was hast du denn hinter meinem Rücken gesponnen?

Frau Tudor: Du weißt es wirklich nicht? Nein?

Herr Tudor: Nun erzähl schon.

Frau Tudor: Die Vorkommnisse bei der Medikur. Ich weiß nämlich, wer das war. Aber ich habe versprochen, meinen Mund zu halten. Herr X, so nenne ich ihn, ist befreundet mit Jonathan und dessen Freundin, der Tochter der Felsensteins. Als die Attacken gegen Felsensteins anfingen, meinte Herr X, daß diese von der Medikur kämen. Er wollte es ihr heimzahlen. Auge um Auge. Zahn um Zahn. Aber natürlich so, daß niemand zu Schaden kam. Dann fingst du an zu beobachten, und er verlor den Mut. Er hat sich mir anvertraut, da ich ihn schon länger kenne. Ich habe ihm zugeredet, noch einmal zuzuschlagen, weil's so schön war. Um dich auszutricksen, hat er sich als Mädchen verkleidet. Aber er hatte zu große Angst, von dir erwischt zu werden.

Herr Tudor: Aha, und du darfst mir den Namen dieses Herrn X nicht verraten?

Frau Tudor: Nein, wie gesagt, ich halte mein Versprechen. Aber diese Aktion war wichtig, um die

Medikur zu irritieren. Die Medikur mußte ja annehmen, daß die Schikanen von der Frau Felsenstein kämen, nachdem sie selbst für diesen verleumderischen Artikel gesorgt hat.

Herr Tudor: Naja, mit professioneller Detektivarbeit hat das zwar wenig zu tun, aber sei's drum.

Frau Tudor: Ich hoffe, wir haben dich nicht zu sehr irritiert? Im Grunde hattest du den Fall ja gut im Griff, da konnte nicht viel passieren.

Herr Tudor: Alles im Blick und im Griff, Liebste. Vor allem bin ich erleichtert, daß du mit dieser komischen Partei am Ende bist.

Frau Tudor: Bin ich das?

Herr Tudor: Nein?

Frau Tudor: Du mußt wissen, ich unterstütze nun Frau Felsenstein in der alternativen Gesundheitspolitik.

Herr Tudor: Alternative Gesundheitspolitik?

Frau Tudor: Gesundheit ist unser größtes Gut.

Herr Tudor: Bei uns zuhause auch? Gesundheitspolitik? Vegetarische Pflanzen? Da steht dem Hungertod ja nichts mehr im Wege. *Seufzt laut. Lisa nimmt ihn tröstend in den Arm.*

SIGRID ERTL

TARTÜFF FÜR ANFÄNGER

KRIMINALSTÜCK

VERLAG 28 EICHEN